PETITES
LECTURES SUR LA LOI

A L'USAGE DES ÉCOLES PRIMAIRES

PAR

A. PUTOIS,

Juge de paix,

Les lois sont la défense de ceux mêmes qui les outragent le plus.

MALHERBE.

PARIS

GUÉRIN-MULLER ET Cⁱᵉ,

LIBRAIRES-ÉDITEURS,

Rue du Grand-Chantier, 3.

PETITES

LECTURES SUR LA LOI

Saint-Germain en-Laye. — Imp. de L. Toinon et Cie, rue de Paris, 80.

PETITES
LECTURES SUR LA LOI

PAR

A. PUTOIS,

Juge de paix.

Les lois sont la défense de ceux mêmes qui les
outragent le plus.

MALHERBE.

PARIS

GUÉRIN-MULLER ET Cie,
LIBRAIRES-ÉDITEURS,
Rue du Grand-Chantier, 3.

1861

INTRODUCTION

L'homme, comme être physique, est, ainsi
que les autres corps, gouverné par des lois in-
variables; comme être intelligent, il viole
sans cesse les lois que Dieu a établies, il est
sujet à l'ignorance et à l'erreur.... Comme
créature sensible, il devient sujet à mille passions; un tel être pouvait à tous les instants
oublier son Créateur. Dieu l'a rappelé à lui par
les lois de la religion. Un tel être pouvait à
tous les instants s'oublier lui-même. Les phi-
losophes l'ont averti par les lois de la morale;
fait pour vivre dans la société il y pouvait
oublier les autres. Les législateurs l'ont rendu
à ses devoirs par les lois politiques et civiles.

(MONTESQUIEU, *Esprit des lois.*)

Apprendre aux enfants qu'au-dessous du code moral
tracé par Dieu, il existe des lois humaines qui répriment
le mal; leur donner quelques notions de ces lois, pour
leur inspirer la crainte des peines qu'elles prononcent, et
par suite l'horreur des vices qui conduisent au crime; tel
est le but que je me suis proposé en écrivant ce volume.

Dans son excellent ouvrage, ayant pour titre : *De l'a-*

mélioration de la loi criminelle, M. le conseiller Bonneville s'exprime ainsi :

Qu'est-ce que le crime ?

C'est la violation de tous les devoirs que proclame la loi divine et humaine ; c'est la négation absolue de tous les droits, de toutes les garanties sociales ; à ce point que sa multiplication indéfinie nous ramènerait infailliblement à quelque chose de pire que l'état primitif de barbarie.

Qu'est-ce que la loi pénale ?

C'est la digue opposée aux débordements du crime ; c'est la menace qui doit le contenir ; c'est la force supérieure légitime qui doit le dompter, le réduire à merci et satisfaction ; afin que, dans cette lutte du bien contre le mal, l'avantage reste à la société.

Or, c'est cette digue opposée aux débordements du crime, c'est cette menace qui a pour but de le contenir que je me propose de faire connaître un peu aux enfants.

De même que le petit code de morale religieuse qui a nom *le Catéchisme*, après avoir énuméré et décrit les différentes infractions à la loi de Dieu, leur oppose la digue des peines temporaires et des peines éternelles qui attendent après sa mort celui qui n'a point satisfait à la justice de Dieu.

De même aussi, la loi humaine, calquée sur la loi divine, après avoir décrit et énuméré les différentes sortes d'infractions aux lois positives, leur oppose la menace des peines qui attendent pendant la vie celui qui n'a pas satisfait à la justice des hommes.

Dirai-je aussi, en continuant ma comparaison, que si

la loi divine encourage l'homme au bien par la promesse de l'éternelle béatitude,

La loi humaine poursuit le même effet en promettant honneur et considération pendant la vie à celui qui se conforme à ses prescriptions.

C'est pourquoi, je pense que, s'il est indispensable d'enseigner aux enfants les lois sacrées de Dieu,

Il est utile aussi de leur donner quelques notions des lois humaines dans un pays où *nul n'est censé ignorer la loi*.

Ce livre, ai-je besoin de le dire, ne s'adresse pas aux tout jeunes enfants, mais aux élèves de la première division des écoles primaires, à ceux qui doivent passer bientôt de la surveillance de l'instituteur sous celle d'un patron ou d'un chef d'atelier.

Pour justifier le titre que j'ai adopté, j'ai divisé mon travail en une série de lectures, dans lesquelles j'ai fait entrer de courtes historiettes et des anecdotes, et pour rendre plus intelligibles les termes dont j'ai dû me servir, j'ai fait précéder mes lectures de quelques notions préliminaires et je les ai fait suivre d'un petit vocabulaire explicatif. Puisse le modeste livre que j'offre ici aux enfants être trouvé bon par ceux qui, comme le dit Charron, *ont en charge de la jeunesse!*

A MES JEUNES LECTEURS

Mes amis, avant de commencer nos Petites Lectures, il est indispensable que je vous donne d'abord l'explication de ces grands mots *la loi, le droit*.

Le mot loi vient du latin *legere, lire*, parce que c'était l'usage à Rome de lire la loi au peuple pour lui en donner connaissance, ou de *ligare, lier*, parce que la loi est le lien moral de la société.

« *Les lois*, suivant la définition qu'en donne un savant » auteur (1), sont des règles de conduite posées par une » autorité compétente, en sorte que tout ce qui est con- » forme à la loi est bien, tandis que tout ce qui s'en » écarte est mal. »

Le droit est la faculté légitime de faire un acte, de jouir d'un objet, d'exiger quelque chose.

Ainsi, par exemple :

Jouer pendant les heures de récréation, consacrer à des œuvres de bienfaisance l'argent que vos parents vous donnent pour vos menus plaisirs, exiger que votre camarade vous rende le livre que vous lui avez prêté, voilà des *droits* qui vous appartiennent très-certainement.

On donne également le nom de droit, à l'ensemble, ou plutôt au résultat général des lois auxquelles les hommes, réunis en société, se trouvent soumis, et d'après lesquelles ils doivent diriger leur conduite.

Quand on considère le droit comme objet d'étude, on

(1) Marcadé.

doit le définir : « L'art de distinguer le juste de l'injuste, de discerner le bien du mal (1). »

C'est du droit compris dans cette dernière acception que nous avons à nous occuper ici.

Quant à leur source, les lois se divisent d'abord en lois naturelles ou divines, et en lois humaines ou positives.

Les lois divines sont celles que la nature même a gravées dans tous les cœurs et qui viennent directement du Créateur.

Ces lois prescrivent à l'homme des devoirs envers Dieu, envers lui-même et envers ses semblables.

Il doit à Dieu un amour sans bornes.

Il se doit à lui-même de pourvoir à son perfectionnement.

Il doit à ses semblables d'être juste et charitable envers eux.

Les lois humaines ou positives sont celles que les hommes réunis en corps de nations, ont établies pour fixer les conséquences des préceptes de morale qui découlent des lois naturelles, et pour obliger ceux qui vivent sous leur autorité, à les observer.

On donne à ces lois le nom de lois positives, parce qu'elles sont certaines, incontestables et consacrées par une autorité à laquelle chacun doit obéir.

Les lois qui composent le droit positif se subdivisent en plusieurs classes.

Celles qui déterminent les rapports de nation à nation et en vertu desquelles se font les traités de paix, d'alliance, de commerce, etc., composent ce que l'on nomme le droit international.

(1) Marcadé.

Celles qui règlent la forme du gouvernement, la division des pouvoirs, la forme de l'administration, les moyens d'assurer la sûreté des citoyens, composent dans leur ensemble ce qu'on appelle le droit public.

Enfin, les lois qui règlent les rapports de particulier à particulier forment le droit privé. C'est à cette dernière catégorie qu'appartiennent les lois pénales, qui feront plus spécialement l'objet de nos leçons.

On appelle lois pénales celles qui déterminent les infractions punissables et les peines correspondantes. Je les choisirai *de préférence* pour texte de nos premiers entretiens, parce que, plus faciles à comprendre, elles me paraissent être aussi pour vous d'un intérêt plus actif.

Avant d'aller plus loin, je tiens à vous faire remarquer que la plupart des lois humaines qui répriment les crimes et les délits, ne font que reproduire et consacrer des lois divines qui déjà vous sont familières.

Ainsi, par exemple, vous rapprocherez :

De la loi divine qui défend l'homicide,	La loi humaine qui prononce la peine de mort contre le meurtrier.
De la loi divine qui défend la luxure,	La loi humaine qui prononce des peines graduées contre ceux qui attentent aux mœurs.
De la loi divine qui défend de prendre ni de retenir le bien d'autrui,	Les lois positives qui répriment les différentes atteintes à la propriété.
De la loi divine qui défend le faux témoignage et le mensonge,	La loi positive qui prononce la peine des travaux forcés contre les faux témoins et la peine de l'emprisonnement contre les calomniateurs.

Sans continuer une énumération qui serait trop longue, j'appellerai néanmoins encore votre attention sur ces deux textes :

<table>
<tr><td align="center">**Loi divine.**</td><td align="center">**Loi humaine.**</td></tr>
<tr><td>Tes père et mère honoreras afin de vivre longuement.</td><td>L'enfant, à tout âge, doit honneur et respect à ses père et mère. (C. N. 371.)</td></tr>
</table>

Cet article et ceux qui y font suite, et qui sont compris dans nos lois sous le chapitre intitulé : *De la puissance paternelle*, feront plus tard l'objet de l'une de nos lectures.

Pour imposer à l'homme, c'est-à-dire à un être intelligent et libre, des règles obligatoires, il faut avoir sur lui une haute autorité.

En principe, on ne doit considérer comme lois que celles qui viennent directement de Dieu, comme les préceptes de la morale, ou d'un pouvoir humain légitimement constitué et publiquement reconnu, parce que alors, c'est encore de Dieu que ces lois proviennent, puisqu c'est de lui que tout pouvoir émane.

Il faut donc avant tout, mes enfants, obéir aux lois de Dieu, mais il faut aussi respecter les lois des hommes.

Il faut obéir aux lois de Dieu, pour vivre en paix avec notre conscience.

Il faut respecter les lois des hommes, pour vivre en paix avec nos semblables.

Or, pour n'être point exposé à violer une loi, pour la respecter, pour lui obéir, il faut nécessairement la connaître.

Si l'homme trouve innées en lui les lois divines, si ces

lois parlent naturellement, instinctivement, à son cœur, comme l'écho d'un monde supérieur, il n'en est pas ainsi des lois humaines, qu'il ne possède pas par intuition; il faut qu'il les étudie pour les connaître.

DE L'ORGANISATION JUDICIAIRE

Il est bon de vous expliquer un peu le mécanisme des différents rouages de la grande administration de la justice. Je le ferai en peu de mots. Notre organisation judiciaire a sa base actuelle dans la loi des 16 et 24 août 1790.

La répartition de nos tribunaux est calquée sur la division administrative.

Il est établi pour chaque arrondissement de sous-préfecture, un tribunal appelé *Tribunal civil de première instance* (c'est-à-dire de premier degré).

Au-dessus des tribunaux d'arrondissement, sont placés des tribunaux supérieurs appelés cours impériales; ces cours sont au nombre de 28, chacune d'elle étend sa juridiction sur plusieurs départements.

Indépendamment des tribunaux d'arrondissement et des cours impériales, nous avons aussi en France des tribunaux appelés extraordinaires; ce sont, dans l'ordre judiciaire proprement dit, les justices de paix, les tribunaux de commerce et les conseils des prud'hommes; et, dans l'ordre administratif, les conseils de préfecture et le conseil d'État. (Voir au *Vocabulaire* les mots : cours, tribunaux, justices de paix, conseils, prud'hommes.)

Au-dessus des tribunaux ordinaires et extraordinaires proprement dits, plane la cour de cassation, tribunal suprême essentiellement unique, institué pour toute la France.

Dans la classification des divers tribunaux, j'ai omis avec intention de comprendre les cours d'assises, parce que ces cours ne forment pas un tribunal à part : elles sont temporaires, n'existent qu'à partir du jour de leur ouverture, et cessent d'exister aussitôt qu'elles ont prononcé sur toutes les affaires qui leur sont soumises.

Les cours d'assises, chargées de l'administration de la justice criminelle, étendent leur compétence à tous les crimes contre la chose publique.

Il y a une cour d'assises par département : elle se tient ordinairement au chef-lieu.

Enfin, un tribunal unique appelé *haute cour de justice*, et qui n'existe aussi que temporairement, juge sans appel ni recours en cassation, toutes personnes qui auront été renvoyées devant elle comme prévenues de crimes, attentats ou complots contre l'Empereur et contre la sûreté intérieure ou extérieure de l'Etat. (*Constitution* du 14 janvier 1852, art. 54. — *Sénatus-consulte* du 10 juillet 1852.)

Je signale ici, pour ordre seulement, la cour des comptes, sorte de juridiction chargée spécialement de la révision, de la haute surveillance de toute la comptabilité publique.

Je vous ai dit plus haut que les cours d'assises étendent leur compétence à tous les crimes : je dois vous faire remarquer ici que les infractions à nos lois pénales sont divisées en trois classes :

Les contraventions,

Les délits

Et les crimes.

A chaque espèce d'infractions correspond un tribunal de répression.

C'est :

Pour les contraventions, le tribunal de simple police.

Pour les délits, le tribunal correctionnel.

Pour les crimes, la cour d'assises.

Si je ne vous ai pas parlé des tribunaux correctionnels et de simple police dans la nomenclature des cours et tribunaux, c'est parce que, quant à leur composition, les tribunaux correctionnels ne sont autres que les tribunaux civils de première instance, et que le juge de paix est tout à la fois le président et le seul juge des tribunaux de simple police. (Voir au *Vocabulaire* les mots : tribunal correctionnel, tribunal de simple police.)

Je vous dirai maintenant, pour en finir avec ces notions préliminaires indispensables et que j'ai faites courtes autant que possible, qu'à côté des magistrats chargés de rendre la justice dans les cours et tribunaux, il existe des magistrats d'un autre ordre appelés procureurs généraux impériaux et procureurs impériaux. Je vous renvoie au *Vocabulaire* pour la définition de leurs fonctions.

C'est à la même source aussi que je vous renverrai pour vous faire connaître certains agents intermédiaires, placés entre les tribunaux et les particuliers, et certains fonctionnaires chargés de rechercher les crimes et les délits, de les constater, et de les dénoncer aux tribunaux de répression. — (Voir les mots : officier ministériel et fonctionnaire public.)

PETITES LECTURES SUR LA LOI

PREMIERE LECTURE

DES PEINES ET DE LEURS EFFETS.

> Quelques crimes toujours précèdent les grands crimes,
> Quiconque a pu franchir les bornes légitimes,
> Peut violer enfin les droits les plus sacrés.
> Ainsi que la vertu le crime a ses degrés.
>
> (RACINE, *Phèdre.*)

Pénétrez-vous bien, mes enfants, de la grande vérité exprimée dans ces quatre vers du grand poëte vulgairement traduits par ce dicton banal : Il n'y a que le premier pas qui coûte. Si la conscience de l'homme vertueux se révolte à l'idée de la moindre faute, celle du méchant, endurcie par l'habitude du vice, ne recule pas souvent devant le plus grand crime. Dans la voie du mal, de même que dans la voie du bien, il n'y a que le premier pas qui coûte, je veux vous le démontrer par un exemple :

Je traverse une plaine déserte sous un soleil ardent, je suis fatigué, une soif brûlante me dévore, mais il ne me reste plus qu'une lieue à peine pour atteindre le but de mon voyage ; tout à coup, au détour d'un sentier, un jardin s'offre à ma vue, et dans ce jardin un pêcher couvert de fruits magnifiques.

Que se passe-t-il en moi ? Tout d'abord, j'éprouve un vif désir de posséder quelques-uns de ces fruits savoureux qui doivent calmer la soif qui me fait tant souffrir, je puis passer facilement par une des brèches de la haie qui sert de clôture au jardin.... personne ne me verra....

Oui, mais il me vient aussitôt cette pensée : Ces fruits ne m'appartiennent pas ; en prendre un seul, c'est commettre un vol...

Si je cède à la tentation, c'est que j'aurai fait taire la voix de ma conscience qui m'a dit : Tu fais mal.

Si, m'armant de courage, je passe sans m'arrêter devant l'arbre aux beaux fruits, c'est que j'aurai triomphé de ma convoitise.

Dans tous les cas, il y aura lutte en moi, et selon que je céderai à la passion mauvaise ou au bon mouvement, l'effort que j'aurai à faire plus tard, si un cas semblable se représente, sera certainement moins pénible. Il n'y a que le premier pas qui coûte. Supposons pour un instant, que des circonstances m'obligent à suivre de nouveau le même chemin ; que je me retrouve devant l'arbre tentateur dans les mêmes conditions de lassitude et de besoin. Ah ! si j'ai su passer victorieusement une première fois sans toucher aux fruits défendus, il me sera facile de les respecter à mon second passage, alors même qu'ils viendraient rouler jusqu'à mes pieds.

Si au contraire j'ai succombé une première fois à une tentation coupable, la lutte sera bien faible en moi ! A demi vaincu par le souvenir de ma première faiblesse, je succomberai encore et j'irai le cueillir, ce fruit dont j'ai goûté déjà; oui j'irai, fût-il enfermé dans un jardin bien clos de murs... Il n'y a que le premier pas qui coûte.

C'est pour vous mettre en garde contre ce dangereux premier pas, mes jeunes amis, que je vais essayer de vous donner quelques notions de nos lois pénales.

Avant de commencer la sérieuse lecture des textes du code, je vous raconterai une tragique histoire qui peut avoir sa place ici :

Orphelin dès l'âge de six ans, Edouard Valmont fut élevé par les soins d'une vieille tante infirme, trop âgée, trop faible, pour surveiller utilement, pour gouverner un enfant d'un caractère aussi vif et aussi pétulant que l'était Edouard.

Aimant le jeu comme on l'aime dans l'enfance, notre orphelin se lia de camaraderie avec deux mauvais petits drôles, ses voisins, plus âgés que lui de deux ou trois ans et adonnés déjà à de malheureuses habitudes de vagabondage et de paresse.

Robert et Bastien Duron, fils d'un ancien employé chassé d'une grande administration pour cause d'inconduite, élevés par leur père de la façon la plus déplorable, ne pouvaient donner au jeune Valmont que de dangereux conseils et de funestes exemples; entraîné par eux, le pauvre enfant participa bientôt aux maraudages et aux escapades de toutes sortes que commettaient chaque jour les deux frères, tant et si bien enfin que, surpris un jour ensemble en flagrant délit de vol de fruits secs, devant la boutique d'un épicier, procès-verbal fut dressé contre eux. Traduits devant la justice, Robert et Bastien furent condam-

nés l'un et l'autre à quelques jours de prison, et cette peine
ne fut épargnée à Edouard qu'en raison de son jeune âge,
qui pouvait faire croire qu'il avait agi sans discernement. (Voir deuxième lecture.)

Cette leçon rendit pendant quelque temps les petits
mauvais sujets plus circonspects, sans les corriger toutefois.

Deux mois environ après avoir subi sa peine, Bastien
vint proposer à ses camarades ce qu'il appelait une
bonne affaire : il s'agissait de s'introduire dans la cave
d'un vieux rentier du village qui passait pour avoir
d'excellent vin; ce serait une fameuse niche, disait-il,
que de prendre quelques bouteilles de vin vieux au bonhomme et de les boire ensuite à sa santé. La cave du
père Bertrand, c'est ainsi qu'on nommait le rentier,
avait un soupirail sur une petite cour séparée de la rue
par un mur peu élevé; franchir ce mur était chose facile.
Une fois dans la cour, on pouvait enlever sans peine une
barre de fer, seule défense du soupirail, et Bastien, qui
n'était pas gros, se glisserait alors dans la cave, pour
passer de là à ses amis les bouteilles convoitées : mais
Bastien, qui était plus astucieux que brave, déclina l'honneur qui lui était proposé, offrant de s'en tenir au rôle
de guetteur; ce qui fut accepté. — Robert et Edouard ayant
donc escaladé le mur de la petite cour, eurent bien vite
raison de la barre de fer mal scellée au soupirail, et par-
vinrent en s'entr'aidant à descendre dans la cave. Or, pendant qu'ils se dirigeaient à tâtons au milieu des tonneaux
et des bouteilles, Bastien surpris par un gendarme, qui lui
aussi faisait le guet, dénonça lâchement ses complices en
disant qu'il n'avait pas pu les dissuader d'accomplir cette

mauvaise action. Le gendarme avait verbalisé, il s'agissait d'un vol avec effraction, cela devait conduire les jeunes voleurs sur les bancs de la cour d'assises; heureusement pour Edouard, un vieux notaire qui avait été l'ami de son père, intervint en sa faveur auprès de M. Bertrand, le propriétaire de la cave; celui-ci fit une déposition favorable aux accccusés en déclarant qu'ils ne s'étaient introduits dans sa cave que par enfantillage, pour jouer et non pour voler. Grâce aux sages remontrances que lui adressa l'officieux et honorable notaire, Edouard rentra en lui-même et promit de racheter ses fautes par une conduite meilleure.

On était alors à la fin de l'année 1795, Napoléon Ier venait d'être nommé général en chef de l'armée d'Italie. Valmont n'avait encore que seize ans; mais, grand et vigoureux, il paraissait, en réalité, en avoir dix-neuf ou vingt; son parti fut bientôt pris; incorporé dans la 99e demi-brigade, il gagnait ses premiers galons sur le champ de bataille de Lodi, sa première épaulette à la bataille des Pyramides, et le grade de capitaine à Marengo.

Mais voyons un peu ce que devenaient, pendant ce même temps, les deux amis de Valmont. Voici tout ce que j'ai su de Bastien. Ce garçon, qui ne manquait pas d'intelligence, était parvenu, je ne sais comment, à se faire nommer notaire loin de son pays, dans une petite ville de Bretagne; de nombreuses fraudes, des actes authentiques falsifiés, le firent dénoncer à la justice : convaincu d'escroqueries et de faux en écritures publiques, l'indigne notaire fut condamné à dix années de travaux forcés.

La fin de Robert fut plus triste encore.

Au mois d'octobre 1806, Valmont qui venait de gagner à Iéna l'épaulette de chef d'escadron, avait été chargé par l'Empereur de porter à Paris les drapeaux pris à l'ennemi. Un soir, en rentrant du spectacle, le jeune officier supérieur fut accosté dans une des petites rues qui avoisinent les halles, par un homme d'une taille herculéenne, qui lui présenta la gueule d'un pistolet en lui demandant suivant la formule à l'usage des voleurs : « La bourse ou la vie. » Valmont, vêtu en bourgeois, était sans arme, mais il n'était pas homme à se séparer de sa bourse sans la défendre, et, quant à sa vie, il l'estimait assez pour ne pas vouloir la perdre ainsi la nuit au fond d'une ruelle, après l'avoir risquée cent fois sur les champs de bataille. D'un mouvement prompt comme l'éclair, il détourna l'arme du brigand, et, l'étreignant au cou dans ses poignets de fer, il le traîna à vingt pas de là sous un réverbère, pour tâcher de reconnaître celui dont la voix venait d'éveiller en lui de lointains souvenirs.... Cet homme, ce brigand, vous l'avez deviné, c'était Robert, Robert, l'ancien camarade des jeux de son enfance.... Il le lâcha alors, et lui mettant dans la main la bourse que ce misérable avait voulu lui ravir, il lui dit, en l'appelant par son nom : « Je te donne cette bourse que tu voulais me prendre ; elle renferme presque toute ma fortune, tâche d'en faire un bon usage, et hâte-toi de quitter la voie du crime dans laquelle tu vis depuis si longtemps. » Et Valmont reprit son chemin, laissant là le voleur de nuit livré à ses réflexions et à ses remords.

A peu de temps de là, Valmont, devenu colonel, terminait à 28 ans sa glorieuse carrière sur le champ de bataille d'Eylau, et, par une coïncidence fatale, le même jour, à la même heure, Robert, condamné pour assassinat suivi de vol, expiait sous le fer du bourreau ses fautes et ses crimes.

Ne conclurez-vous pas de cette histoire, que si Bastien et Robert avaient su, comme Valmont, mettre un frein à leurs mauvaises passions, alors qu'ils étaient jeunes encore, ils ne seraient pas arrivés l'un et l'autre à une si triste fin, et ils n'auraient pas laissé à leurs familles le douloureux héritage d'un nom déshonoré. Car, si chacun ici-bas est seul responsable de ses actes, si nos lois n'atteignent plus le criminel dans ses enfants, il existe néanmoins dans toutes les familles une solidarité d'honneur qui fait que celui qui s'expose à l'infamie, jette en même temps à la face des siens une tache de honte; de même que celui qui s'illustre par ses belles actions, entoure d'une sorte d'auréole de gloire les héritiers de son nom. Qui de vous ne serait fier d'être le fils d'un Turenne ou d'un Bayard? Qui de vous oserait prononcer le nom de son père, s'il avait le malheur d'être né d'un Mandrin ou d'un Cartouche?

Si vous aimez votre père et votre mère, si vous aimez ceux qui vous aiment le plus sur la terre, que la crainte de les déshonorer un jour, fasse que vous ne vous exposiez jamais à subir l'une ou l'autre des peines que je vais vous énumérer ici, en me bornant à copier le texte des principaux articles du livre 1er de notre code pénal.

Article premier. — L'infraction que les lois punissent des peines de police est une contravention. L'infraction que les lois punissent des peines correctionnelles, est un délit. L'infraction que les lois punissent d'une peine afflictive ou infamante est un crime.

Art. 6. — Les peines en matière criminelle sont ou afflictives et infamantes, ou seulement infamantes.

Art. 7. — Les peines afflictives et infamantes sont : 1º la mort; 2º les travaux forcés à perpétuité; 3º la déportation; 4º les travaux forcés à temps; 5º la détention ; 6º la réclusion.

Art. 8. — Les peines infamantes sont : 1º le bannissement; 2º la dégradation civique.

Art. 9. — Les peines en matière correctionnelle sont : 1º l'emprisonnement à temps dans un lieu de correction; 2º l'interdiction à temps de certains droits civiques, civils ou de famille ; 3º l'amende.

Art. 10. — La condamnation aux peines établies par la loi, est toujours prononcée sans préjudice des restitutions et dommages-intérêts qui peuvent être dus aux partic's.

Art. 11. — Le renvoi sous la surveillance spéciale de la haute police, l'amende et la confiscation, sont des peines communes aux matières criminelles et correctionnelles.

Art. 12. — Tout condamné à mort aura la tête tranchée.

Art. 13. — Le coupable condamné à mort pour parricide sera conduit sur le lieu de l'exécution, en chemise, nu-pieds, et la tête couverte d'un voile noir. Il sera exposé sur l'échafaud pendant qu'un huissier fera au peuple lecture de l'arrêt de condamnation, et il sera immédiatement exécuté à mort.

L'ancien article 13 disait :

Il aura le poing droit coupé. C'était un premier supplice et un acte de barbarie qui fut supprimé par la loi modificative du code pénal des 28 avril, 1er mai 1832. Il y avait dans cette question d'abrogation une question d'humanité même à l'occasion du plus grand crime. Quel crime, en effet, peut surpasser en horreur celui de tuer son père ou sa mère, ou un ascendant.

Mais la société se trouve suffisamment vengée par la seule mort du coupable.

Art. 15. — Les hommes condamnés aux travaux forcés seront employés aux travaux les plus pénibles ; ils traîneront à leurs pieds un boulet, ou seront attachés deux à deux avec une chaîne, lorsque la nature du travail auquel ils seront employés le permettra.

Art. 16. — Les femmes et les filles condamnées aux travaux forcés n'y seront employées que dans l'intérieur d'une maison de force.

Art. 17. — La peine de la déportation consistera à être transporté et à demeurer à perpétuité dans un lieu déterminé par la loi, hors du territoire continental de l'Empire.

Art. 19. — La condamnation à la peine des travaux forcés à temps sera prononcée pour cinq ans au moins, et vingt ans au plus.

Art. 20. — Quiconque aura été condamné à la détention, sera renfermé dans l'une des forteresses situées sur le territoire continental de l'Empire. La détention ne peut être prononcée pour moins de cinq ans, ni pour plus de vingt ans.

Art. 21. — Tout individu de l'un ou de l'autre sexe condamné à la peine de la réclusion, sera renfermé dans une maison de force, et employé à des travaux dont le produit pourra être en partie appliqué à son profit, ainsi qu'il sera réglé par le gouvernement. La durée de cette peine sera au moins de cinq années, et de dix au plus.

Art. 28. — La condamnation à la peine des travaux forcés à temps, de la détention, de la réclusion ou du bannissement, emportera la dégradation civique.

Art. 29. — Quiconque aura été condamné à la peine des travaux forcés à temps, de la détention ou de la réclusion, sera de plus, pendant la durée de sa peine, en état d'interdiction légale; il lui sera nommé un tuteur et un subrogé-tuteur pour gérer et administrer ses biens.

Art. 30. — Les biens du condamné lui seront remis après qu'il aura subi sa peine, et le tuteur lui rendra compte de son administration.

Art. 32. — Quiconque aura été condamné au bannissement, sera transporté, par ordre du gouvernement, hors du territoire de l'Empire. La durée du bannissement sera au moins de cinq années et de dix ans au plus.

Art. 34. La dégradation civique consiste : 1° dans la destitution et l'exclusion des condamnés de toutes fonctions, emplois ou offices publics ; 2° dans la privation du droit de voter, d'élection, d'éligibilité et en général de tous les droits civiques et politiques, et du droit de porter aucune décoration ; 3° dans l'incapacité d'être juré-expert, d'être employé comme témoin dans des actes, et de déposer en justice autrement que pour y donner de simples renseignements ; 4° dans l'incapacité de faire partie d'aucun conseil famille, et d'être tuteur, curateur ou conseil judiciaire, si ce n'est de ses propres enfants, et sur l'avis conforme de la famille ; 5° dans la privation du droit de port d'armes, du droit de faire partie de la garde nationale, de servir dans les armées françaises, de tenir école, ou d'enseigner et d'être employé dans aucun établissement d'instruction à titre de professeur, maître ou surveillant.

Art. 40. — Quiconque aura été condamné à la peine d'emprisonnement, sera renfermé dans une maison de correction ; il sera employé à l'un des travaux établis dans cette maison, selon son choix. La durée de cette peine sera au moins de six jours et de cinq années au plus.

Art. 55. — Tous les individus condamnés pour un même crime ou pour un même délit, seront tenus solidairement des amendes, des restitutions, des dommages-intérêts et des frais.

Je ne vous reproduirai pas dans nos lectures tous les articles de notre droit pénal ; mon but, vous l'avez compris, est de vous mettre en garde contre des défauts qui, en se développant avec l'âge, pourraient vous conduire un jour au déshonneur ; en sondant devant vous le précipice ouvert dans les voies du mal, en vous en montrant toute la profondeur, je crois vous indiquer le meilleur moyen d'en écarter vos pas. Si ce simple enseignement peut préserver d'une chute fatale quelques-uns de mes jeunes lecteurs, je m'en applaudirai au fond du cœur, j'aurai fait une œuvre utile.

Ai-je besoin de vous dire, mes amis, que ceux d'entre vous qui auront le désir de faire une plus ample connaissance avec la loi, pourront toujours recourir au code. Ils trouveront là, à côté des articles que je cite, ceux auxquels je ne refuse asile ici, que pour rester dans le cadre que je me suis tracé, celui d'écrire un livre simple et élémentaire.

DEUXIEME LECTURE

DE LA COMPLICITÉ.

...., Le méchant peut trouver un complice,
Mais il n'est ici-bas, et le ciel l'a permis,
Que les honnêtes gens qui puissent être amis.

(LAFONTAINE.)

Dans les pages qui précèdent, j'ai dû copier presque entièrement le 1ᵉʳ livre du code pénal. Le livre 2ᵐᵉ que je vous analyserai brièvement aujourd'hui, contient la nomenclature des peines réservées à ceux qui participent aux crimes et aux délits, sans prendre une part matérielle à leur perpétration.

Les complices d'un crime ou d'un délit, porte l'art. 59, seront punis de la même peine que les auteurs de ce crime ou de ce délit, sauf les cas où la loi en aurait disposé autrement.

Les art. 60, 61, 62, désignent spécialement ceux qui doivent être considérés comme complices des crimes et des délits, et punis comme tels. Cette énumération comprend ceux qui, par dons, promesses, menaces, abus d'autorité, provoquent à une action criminelle; ceux qui procurent des armes, ou instruments devant servir à l'accomplissement de cette action; ceux qui, connaissant la conduite criminelle des malfaiteurs, leur fournissent habituellement un logement ou un lieu de retraite; ceux qui recèlent, avec connaissance de cause, les choses détournées ou obtenues à l'aide d'un crime, etc.

Ce qui conduit l'homme à se rendre complice d'un crime ou d'un délit, c'est la fréquentation des mauvaises sociétés. Celui qui passe sa vie dans le commerce des honnêtes gens, ne craint pas d'être entraîné par eux à commettre de méchantes actions.

Le plus grand ennemi de notre pauvre humanité, ne l'oublions pas, c'est la faiblesse. L'homme en général n'est pas méchant, il est faible, il se laisse facilement entraîner par ses passions, il ne sait pas assez résister aux suggestions mauvaises.

« Dis-moi qui tu fréquentes, je te dirai qui tu es. » Celui qui, le premier, a exprimé cette pensée, renfermée dans notre proverbe vulgaire, devait être un penseur profond.

Tâchons donc de ne fréquenter que des personnes vertueuses et sages, pour que l'on pense bien de nous.

Souvenons-nous, d'ailleurs, que s'il faut avoir de la charité pour tout le monde, ainsi que l'enseigne l'*Imitation de Jésus-Christ*, il n'est pas à propos de se rendre familier avec tout le monde, car la familiarité engendre souvent le mépris.

Sans entrer ici dans les distinctions établies par l'art. 63, je vous dirai cependant qu'en ce qui concerne les recéleurs, la peine de mort, qui a paru trop sévère, est remplacée par la peine des travaux forcés.

La loi proclame aussi (art. 64) qu'il n'y a ni crime ni

délit lorsque le prévenu était en état de démence au temps de l'action, ou lorsqu'il a été contraint par une force à laquelle il n'a pu résister.

L'homme, en effet, ne doit être responsable de ses actes qu'autant que sa volonté y a librement concouru ; il ne saurait en être ainsi quand il a agi sous l'empire de la démence ou sous la pression d'une force supérieure.

C'est dans ce même esprit que des peines moins graves sont édictées contre les prévenus de crimes et de délits âgés de moins de seize ans. La loi ne pouvait pas vouloir, en effet, prononcer les mêmes peines contre l'enfant dont la raison n'est pas bien mûre encore, et qui est, d'ailleurs, relativement plus faible pour résister aux mauvais entraînements, que contre l'homme fait.

Moins sévère, dans tous les cas, envers l'enfant qu'envers l'homme, la loi (art. 66 et suiv.) établit encore cette distinction :

Ou bien l'enfant accusé de crime ou de délit a agi avec discernement, c'est-à-dire avec connaissance de ce qu'il faisait, et alors il peut être condamné à une peine qui, dans certains cas, s'élèvera jusqu'à vingt ans d'emprisonnement dans une maison de correction.

Ou bien il a agi sans discernement, c'est-à-dire sans comprendre ce qu'il faisait, et alors il doit être acquitté et remis à ses parents, ou, selon les circonstances, être conduit dans une maison pour y être élevé et détenu pendant un temps qui peut durer jusqu'à l'époque où il aura atteint sa vingtième année.

Mais pourquoi, direz-vous, punir l'enfant en le mettant dans une maison de correction, quand il a été jugé qu'il a agi sans discernement ?

Parce que la société se doit, avant tout, de veiller à sa propre sûreté. Si l'enfant, dont la raison n'est pas bien développée encore, a de mauvais instincts qui le poussent vers le mal, il est urgent de le mettre, pour le présent, dans l'impossibilité de nuire ; il est urgent aussi de corriger ses mauvais penchants, et de diriger son éducation de façon à le préserver, pour l'avenir, des justes sévérités de la loi. En un mot, l'enfant vicieux qui, agissant sans discernement, commet de graves infractions, doit être renfermé comme on enferme le fou furieux, et cela tant dans son propre intérêt que dans celui de la société menacée par ses instincts pervers.

Les articles qui terminent le chapitre que nous analysons, traitent des cas de responsabilité qui peuvent se présenter dans les affaires criminelles et correctionnelles : l'art. 73 spécialement porte ce qui suit :

Les aubergistes et hôteliers convaincus d'avoir logé, plus de vingt-quatre heures, quelqu'un qui pendant son séjour, aurait commis un crime ou un délit, seront civilement responsables des restitutions, des indemnités et des frais adjugés à ceux à qui ce crime ou ce délit aurait causé quelque dommage, faute par eux d'avoir inscrit sur leur registre le nom, la profession et le domicile du coupable ; sans préjudice de leur responsabilité dans le cas des articles 1952 et 1953 du Code Napoléon. (Voir en outre Code pénal, 475, n° 2 et 154.)

Vous ferez cette remarque, en lisant l'art. 73, qu'une simple négligence, l'oubli d'inscrire un nom sur un registre, peut entraîner une énorme responsabilité ; mais vous remarquerez aussi qu'une négligence de cette nature peut avoir, dans certains cas, les plus graves conséquences. En obligeant les aubergistes et les hôteliers à inscrire, sur un registre spécial, le nom, la profession et le domicile des personnes qui logent dans leurs maisons plus de vingt-quatre heures, la loi a eu pour but de mettre la police à même de suivre ainsi la piste des malfaiteurs et de déjouer leurs projets; or, il importe au plus haut point qu'une mesure aussi sage, prise évidemment dans l'intérêt de tous, ne manque pas l'effet qu'elle doit produire par le fait de la négligence de quelques-uns.

Il existe encore une autre espèce de complicité que la loi n'atteint pas et contre laquelle il est bien cependant de vous mettre en garde.

L'un des plus grands crimes de lèse-camaraderie au collége, c'est la dénonciation. L'élève qui, ayant connaissance d'une faute commise par son camarade, s'en va la dénoncer au maître, encourt pour ce seul fait l'inimitié de tous ses condisciples.

Que l'enfant ne dénonce pas celui qui aura parlé haut pendant la classe, ou retardé l'aiguille de l'horloge, pendant l'heure de la récréation; cela se conçoit, cette abstention prend sa source dans un bon sentiment. L'élève sait qu'en ne faisant pas connaître l'auteur de l'une ou de l'autre de ces peccadilles, il assumera sur lui-même une part de responsabilité; il sait qu'il s'exposera à partager avec l'écolier en défaut la punition générale qui sera infligée, et qu'il lui allégera de cette façon le fardeau de la peine.

L'élève, témoin de la faute, se fait ce simple raisonnement : Ce n'est pas moi qui ai parlé haut; ce n'est pas moi qui ai touché à l'horloge; mais j'aurais pu le faire, j'aime mieux subir une heure de retenue que d'exposer mon camarade à être privé d'un congé.

Mais, supposons qu'au lieu de commettre une faute du genre de celles que je viens d'énumérer, un élève aille voler dans le pupitre de l'un de ses camarades une pièce de monnaie, une montre, un livre ou un objet quelconque ayant quelque valeur; croyez-vous que celui qui aura été témoin du vol fera bien de ne pas dénoncer le voleur? Non certes, direz-vous; son abstention alors serait des plus coupables; si l'enfant peut accepter la solidarité d'une espièglerie, il ne peut pas, il ne doit pas encourir la responsabilité morale d'une action honteuse et criminelle. Ne pas dénoncer un vol, c'est en quelque sorte s'en rendre complice.

« De temps immémorial, dit le savant magistrat que j'ai eu occasion de citer déjà (1), la loi a fait aux citoyens une obligation rigoureuse d'empêcher le crime... »

Chaque jour nous voyons dans nos rues et places publiques, un malfaiteur assaillir un paisible citoyen, ou des individus s'entre-battre, se porter des coups mortels; la foule attroupée reste spectatrice passive de ces luttes sauvages! Demandez au premier de ces assistants pourquoi il n'essaie pas d'intervenir. Je n'y suis pas forcé, dira-t-il; après tout, cela ne me regarde pas... Cela ne vous regarde pas! Est-ce que tout crime qui se commet ne regarde pas chacun de vous? Est-ce que dans une société constituée, tous les honnêtes gens n'ont pas intérêt à repousser l'attaque des méchants et à concourir au maintien de l'ordre?... Vous ne comprenez pas que demain, que tout à l'heure peut-être, ce sera vous qu'un malfaiteur viendra ainsi opprimer et assaillir? Et alors, le témoin

_____

(1) M. Bonneville, *De l'amélioration de la loi criminelle.*

2.

dont vous attendrez protection, pourra répondre à son tour : « Cela ne me regarde pas ! » Paroles aussi lâches qu'odieuses, puisqu'elles renferment la désertion de tous les devoirs de mutualité qui unissent les citoyens d'un pays civilisé...

Quoi donc ! un citoyen vient d'être assassiné ; j'ai vu fuir le coupable, tenant en sa main l'arme ensanglantée, je l'ai parfaitement reconnu, néanmoins, je ne l'ai pas dénoncé ; et, faute de mon témoignage ignoré du magistrat, l'assassin échappe à la répression ! Est-ce qu'il n'est pas évident que mon silence aura été une trahison de tous les devoirs sociaux ? que c'est un crime et contre le malheureux dont le sang criait vengeance, et contre les nouvelles victimes que pourra faire cet assassin demeuré impuni ?...

Mais cette abstension, dira-t-on, procède d'un sentiment généreux ! Je vous arrête à ce mot... Ne parlez pas de générosité, quand il s'agit de justice. « La générosité envers le crime, disait Napoléon, c'est inhumanité envers la société ; que la justice soit au besoin généreuse et humaine, alors qu'il s'agit de proportionner la peine au degré relatif de culpabilité, de faire ce que l'on appelle de la justice distributive, je le comprends ; mais dans la poursuite des malfaiteurs, la générosité, c'est l'injustice, c'est la faiblesse, c'est le privilége, c'est l'impunité !... Donc, la non-révélation, hors les cas particuliers où la loi la tolère, ou la parenté la commande, n'est autre chose que lâcheté et félonie, ou plutôt qu'une sorte de complicité, qu'il faut savoir hautement flétrir, justement réprimer. »

TROISIÈME LECTURE

DES ATTENTATS CONTRE LA SÛRETÉ EXTÉRIEURE DE L'ÉTAT.

> Souvenez-vous sans cesse que la patrie a des
> droits imprescriptibles et sacrés sur vos talents,
> sur vos vertus, sur vos sentiments et sur toutes
> vos actions; qu'en quelqu'état que vous vous
> trouviez, vous n'êtes que des soldats en faction
> toujours obligés de veiller sur elle et de voler à
> son secours au moindre danger!
>
> (BARTHÉLEMY, *Voyage d'Anacharsis*.)

Nous nous occuperons dans notre troisième lecture des crimes et délits contre la sûreté de l'Etat.

Tout Français qui aura porté les armes contre la France sera puni de mort.

A la suite de ce texte de l'art. 75, la loi traite, art. 76 à 85, des différents crimes et délits contre la sûreté extérieure de l'Etat. Sans reproduire ici tous ces articles en entier, disons que la peine de mort est applicable à quiconque aura pratiqué des machinations ou entretenu des intelligences avec les puissances étrangères ou leurs agents, pour les engager à commettre des hostilités contre la France ;

A quiconque aura pratiqué des manœuvres ou entretenu des intelligences avec les ennemis de l'Etat, à l'effet de faciliter leur entrée sur le territoire de l'Empire... ou de fournir aux ennemis des secours en soldats, hommes, argent, vivres, armes ou munitions ;

A toute personne qui, instruite officiellement du secret d'une négociation ou d'une expédition, l'aurait livré à à un puissance étrangère ;

A tout dépositaire des plans de nos fortifications, ports, arsenaux, etc., qui aurait livré ces plans à l'ennemi ;

A ceux qui auraient recélé ou fait recéler les espions ou les soldats ennemis envoyés à la découverte.

Les peines de la détention, du bannissement, de la déportation, de l'emprisonnement, sont applicables à ceux qui, par des manœuvres coupables, auraient fourni à l'ennemi des instructions nuisibles à la situation militaire et politique de la France.

Depuis l'infâme trahison qui a conduit le Fils divin de Marie sur la croix du Golgotha, bien des Judas, hélas ! ont trahi leur Dieu, leur patrie et leur souverain, et cependant, mes enfants, vous l'apprendrez dans l'histoire, la trahison profite rarement à ceux qui s'en rendent coupables.

La trahison retombe sur les traîtres, a dit J.-B. Rousseau. Je peux vous citer ici quelques exemples de cette grande vérité.

Un général anglais attire quelques Espagnols aux portes d'une place, en leur promettant de la leur rendre ; doublement perfide, non-seulement il ne la leur rend point, mais il les fait égorger. Encore fumant de ce monstrueux assassinat, il court vers la reine Élisabéth pour recevoir la récompense de son action. Voilà, lui dit-elle, en lui donnant quelques pièces d'or, voilà le salaire de votre trahison; mais ne reparaissez plus devant moi. Quand j'aurai besoin du secours d'un traître je vous le ferai savoir.

Ceux d'entre vous qui ont lu la vie de Bayard, le chevalier sans peur et sans reproches, doivent se rappeler les belles et nobles paroles prononcées par le héros quelques instants avant sa mort. Blessé mortellement à Romagnano, sur les bords de la Sesia (30 avril 1524), le chevalier exigea qu'on le plaçât en face de l'ennemi, ne voulant pas, disait-il, lui tourner le dos pour la première fois. Le connétable de Bourbon, prince du sang français, qui servait dans les rangs espagnols, voyant Bayard à ses derniers moments, déplorait son sort : « Ce n'est pas moi » qu'il faut plaindre, lui dit le héros, mais vous qui com- » battez contre votre roi et votre patrie. » Bayard avait raison, une mort glorieuse comme la sienne sera toujours préférable à une existence entachée de déshonneur. Voici d'ailleurs ce que nous apprend l'histoire sur la fin du connétable. Mal récompensé par l'empereur Charles-Quint, qui lui avait fait les plus brillantes promesses, il se fit, en désespoir de cause, chef d'une armée de partisans, et reçut la mort devant Rome, qu'il avait l'intention de prendre et de livrer au pillage, en 1527.

Enfin, et pour prendre un exemple dans notre histoire contemporaine, vous dirai-je aussi que l'un des plus grands généraux de la République, Moreau, l'illustre vainqueur de Hochstœdt et de Hohenlinden, entraîné par sa jalousie contre Napoléon, et séduit par les promesses de la cour de Russie, se faisait tuer devant Dresde, en 1813, par un boulet français, et cela un mois à peine après avoir pris un commandement dans les rangs des ennemis de la France.

Un prince illustre dont la mort est récente encore, comprenait tout autrement ses devoirs envers sa patrie.

Lorsqu'en 1814, les souverains alliés pressaient le roi Jérôme d'entrer dans la coalition, en lui offrant de lui conserver son royaume, il refusa noblement. « Je suis » Français, dit-il, et mon premier devoir est de servir la » France! »

QUATRIEME LECTURE

DES ATTENTATS CONTRE LA SURETÉ INTÉRIEURE DE L'ÉTAT.

> Que n'exigiez-vous pas, impérieux sujets !
> Des talents, des vertus, et même des succès ?
> Vous dont le cœur est droit, l'âme tranquille et saine,
> Parcourez les devoirs de cette vie humaine,
> Observez bien les rois, et vous direz : Hélas !
> Trop heureux qui sait l'être, heureux qui ne l'est pas !
>
> (LEFRANC DE POMPIGNAN.)

Nous venons de parler des crimes contre la sûreté extérieure de l'État, nous avons à nous occuper maintenant de ceux qui sont dirigés contre la sûreté intérieure. (Code pénal, livre III, section 2.)

Art. 86. — L'attentat contre la vie ou contre la personne de l'Empereur est puni de la peine du parricide. L'attentat contre la vie des membres de la famille impériale est puni de la peine de mort. Toute offense commise publiquement envers la personne de l'Empereur est punie d'un emprisonnement de six mois à cinq ans, et d'une amende de cinq cents francs à dix mille francs ; le coupable peut, en outre, être interdit de tout ou partie des droits mentionnés en l'art. 42, pendant un temps égal à celui de l'emprisonnement auquel il a été condamné. Toute offense commise publiquement envers les membres de la famille impériale est punie d'un emprisonnement d'un mois à trois ans et d'une amende de cent francs à cinq mille francs.

Sous les art. 87 à 101, la loi prononce soit la peine de mort, soit celle de la déportation ou des travaux forcés, suivant les cas qu'elle prévoit, contre les auteurs des attentats ayant pour but de renverser le gouvernement ou de troubler l'Etat par la guerre civile, l'illégal emploi de la force armée, la dévastation et le pillage publics.

Le souverain est le père de ses sujets comme il est le représentant de Dieu sur la terre; la loi ne pouvait donc pas se montrer trop sévère contre le criminel qui ose attenter à la vie du souverain.

L'enfant qui s'habitue de bonne heure à honorer et à respecter l'autorité dans ses parents et dans ses maîtres, respectera plus tard l'autorité du prince et fera un bon citoyen. Pliez-vous donc à l'obéissance, soyez soumis à vos parents, à vos supérieurs, et tenez pour bien vraies ces paroles d'un livre inspiré par Dieu : « Il est plus sûr d'obéir que de commander. » (*Imitation de Jésus-Christ.*)

L'obéissance au gouvernement comprend les devoirs d'observer les lois, de ne rien entreprendre qui y soit contraire, d'exécuter ce qui est ordonné, de s'abstenir de ce qui est défendu, de porter les charges publiques... et, en général, chacun est obligé non-seulement de ne blesser en rien l'ordre public, mais d'y contribuer en ce qui peut le regarder en particulier. (Domat, *Le droit public.*)

Nous avons tous des supérieurs ici-bas, et sans l'obéissance de l'inférieur au supérieur, il n'y a pas de gouvernement, pas de société possibles ; c'est la discipline autant que la valeur qui fait le mérite de nos glorieuses armées. Là, mes enfants, chacun est tenu d'obéir, depuis le simple soldat jusqu'au maréchal de France, et l'Empereur lui-même, le chef souverain, ne peut gouverner qu'à la condition d'obéir aux lois. Il en est de même dans les autres États.

Les grands du royaume voulant rendre hommage, avant la cérémonie de son couronnement, à Henri V, roi d'Angleterre, le monarque leur dit : « Attendez pour me jurer obéissance, que j'aie juré moi-même obéissance aux lois. »

Si le simple soldat peut se reposer tranquille dans la foi du devoir accompli, lorsqu'il a exécuté ponctuellement les ordres de ses supérieurs, il n'en est pas de même de l'officier, pour qui le cercle de la responsabilité s'élargit au fur et à mesure qu'il monte les degrés hiérarchiques des grades ; il est donc bien vrai de dire que le fardeau le plus pesant ici-bas est celui d'une couronne. C'est pour cela, mes enfants, qu'il est de notre devoir à nous tous, sujets, de venir en aide au prince, pour lui en alléger le faix. Nous ne saurions mieux le faire qu'en remplissant les devoirs inhérents à notre position, qu'en obéissant aux lois, et en respectant l'autorité de ceux qui sont appelés à nous commander légitimement ; en cela encore, nous suivrons les préceptes et l'exemple de l'Enfant-Dieu qui était, dit l'Evangile, soumis à ses parents.

N'oubliez pas que la désobéissance, dans le jeune âge entraîne plus tard l'esprit de révolte et d'insubordination. Je puis vous en citer un bien triste exemple.

Emile et Gaston de B..., fils d'un ancien médecin des environs d'Orléans, étaient tous deux, en 1827, élèves à l'école militaire de La Flèche. Emile était un des meilleurs sujets de sa classe ; d'une conception d'esprit un peu lente, il rachetait par un travail soutenu ce qui lui manquait de ce côté ; soumis à ses chefs, il remplissait avec la plus scrupuleuse exactitude et ses devoirs et les ordres qui lui étaient donnés. Gaston était doué d'une facilité merveilleuse, d'un esprit vif, pétulant, et d'un bon cœur ; mais toutes ces rares qualités étaient malheureusement ternies en lui par un terrible défaut, qui devait amener, hélas ! de déplorables conséquences : Gaston était raisonneur et indisciplinable. Ce défaut, qui déjà lui avait fait fermer les portes de plusieurs pensionnats, fut aussi cause de son renvoi de l'école de La Flèche, d'où il fut honteusement chassé à la suite d'un acte d'insubordination. Emile, pendant ce temps, était entré dans un rang honorable à l'école spéciale militaire, où il était en train de conquérir l'épaulette du sous-lieutenant par son travail et sa bonne conduite. M. de B..., inquiet sur l'avenir de son jeune fils, se décida alors à venir habiter Paris, et à le placer près de lui chez un négociant honorable qu'il connaissait particulièrement ; malheureusement, malgré la surveillance active dont il était l'objet, le jeune commis se lia avec quelques jeunes gens affiliés à de dangereuses sociétés dont il fit bientôt secrètement partie ; ayant pris part aux émeutes qui eurent lieu après la révolution de 1830, il se vit frapper d'une condamnation à la déportation. Il avait subi sa peine depuis quelques années déjà, et sa famille n'avait pas eu de ses nouvelles, lorsque éclatèrent les événements de 1848.

Aux fatales journées de juin, un insurgé de grande taille se faisait remarquer derrière l'une des barricades élevées dans le faubourg Saint-Antoine ; un jeune chef de bataillon de la ligne, pour en finir avec la résistance organisée derrière cette barricade, s'élance impétueusement à l'assaut et tombe frappé mortellement par une balle tirée presque à bout portant par le misérable insurgé. A cette vue, les soldats furieux escaladent le rempart de l'insurrection en jurant de venger la mort de leur jeune commandant, font prisonnier le chef de la barricade qui venait d'avoir la jambe cassée par une balle, et le conduisent dans une maison voisine, où un chirurgien de l'armée était occupé à panser la blessure, hélas ! mortelle, du chef de bataillon. Cet officier... c'était Emile de B., le frère de l'insurgé qui devint fou de désespoir en reconnaissant sa victime. Gaston, qui existe encore aujourd'hui, est enfermé dans une maison d'aliénés ; il a quarante-cinq ans à peine, il en paraît avoir plus de soixante-dix. Pour son malheur, le fou a parfois des heures lucides, et alors on le voit pleurer amèrement. Si quelques-uns de vous vont visiter un jour une maison d'aliénés bien connue à Paris, peut-être verront-ils encore là un grand vieillard en cheveux blancs. Ils le reconnaîtront facilement à cette phrase qu'il ne cesse de redire que dans ses courts moments de lucidité : « Ne m'approchez pas, je suis maudit, maudit, maudit ; j'ai tué mon frère. »

CINQUIEME LECTURE

DU FAUX.

Mentir est le métier d'un lâche et d'un cœur noir.
(J.-B. ROUSSEAU.)

Nous passerons les art. 108 à 131, que vous avez peu d'intérêt à connaître, quant à présent du moins, pour nous arrêter au chapitre troisième du troisième livre de notre Code.

Art. 132. — Quiconque aura contrefait ou altéré les monnaies d'or ou d'argent ayant cours légal en France, ou participé à l'émission ou exposition des dites monnaies contrefaites ou altérées, ou à leur introduction sur le territoire français, sera puni des travaux forcés à perpétuité.

Seront punis de la même peine (139) ceux qui auront contrefait le sceau de l'État ou fait usage du sceau contrefait; ceux qui auront contrefait ou falsifié soit des effets émis par le trésor public, soit des billets de banques autorisées par la loi, ou qui auront fait usage de ces effets et billets contrefaits ou falsifiés.

Art. 145. — Tout fonctionnaire ou officier public qui dans l'exercice de ses fonctions aura commis un faux, soit par fausses signatures, soit par altération des actes, écritures ou signatures, soit par supposition de personnes, soit par des écritures faites ou intercalées sur des registres ou d'autres actes publics, depuis leur confection ou clôture, sera puni des travaux forcés à perpétuité.

Art. 146. — Sera aussi puni des travaux forcés à perpétuité tout fonctionnaire ou officier public qui, en rédigeant des actes de son ministère, en aura frauduleusement dénaturé la substance ou les circonstances, soit en écrivant des conventions autres que celles qui auraient été tracées ou dictées par les parties, soit en constatant comme vrais des faits faux, ou comme avoués des faits qui ne l'étaient pas.

Art. 147. — Seront punies des travaux forcés à temps, toutes autres personnes qui auront commis un faux en écriture authentique ou publique, ou en écriture de commerce ou de banque, soit par contrefaçon ou altération d'écritures, ou de signatures, soit par fabrication de conventions, dispositions, obligations, ou décharges, ou par leur insertion après coup dans ces actes, soit par addition ou altération de clauses, de déclarations ou de faits que ces actes avaient pour objet de recevoir et de constater.

Art. 148. — Dans tous les cas exprimés au présent paragraphe (III), celui qui aura fait usage des actes faux sera puni des travaux forcés à temps.

Art. 150. — Tout individu qui aura, de l'une des manières exprimées en l'art. 147, commis un faux en écriture privée, sera puni de la réclusion.

Art. 151. — Sera puni de la même peine celui qui aura fait usage de la pièce fausse.

Que le faux ait pour objet la contrefaçon ou l'altération des monnaies, du sceau de l'État ou des billets émis par le trésor, le crime est le même ; la même peine doit l'atteindre. En ce qui concerne le faux en écritures publiques ou authentiques, la loi distingue. Si le faux a été commis par un officier public dans l'exercice de ses fonctions, c'est la peine des travaux forcés à perpétuité; si c'est un simple particulier, c'est la peine des travaux forcés à temps. Ai-je besoin de vous faire ressortir les motifs de cette différence?

Le fonctionnaire investi du pouvoir de rédiger des actes publics ou authentiques, ou de les conserver en dépôt, est tout naturellement obligé, par ses fonctions, à veiller avec soin à ce que ces actes ne subissent aucune altération; en les falsifiant lui-même, il commet ainsi, en dehors du crime de faux, une violation manifeste du premier des devoirs de sa profession, d'où il suit qu'il doit être doublement puni.

Si l'on pouvait remonter le passé de tous les malheureux qui expient dans les bagnes les crimes du faussaire, on reconnaîtrait inévitablement que tous ont commencé par être menteurs. Des paroles mensongères, aux actes faux, il n'y a qu'un pas, et ce pas est souvent trop facile à franchir; c'est pourquoi je vous dirai, avec le poëte :

> Évitez le mensonge avec un soin extrême,
> Si l'on remarque en vous peu de sincérité,
> L'on ne vous croira pas lors même
> Que vous direz la vérité.

Il y avait un fort grand menteur à Florence. Quelqu'un qui le connaissait, l'apercevant un jour entrer dans une grande compagnie, lui cria, avant de lui donner le temps d'ouvrir la bouche : cela n'est pas vrai! —Mais, monsieur, je n'ai encore rien dit; comment pouvez-vous...? — C'est égal, vous allez parler et vous mentirez (*Almanach litt. de 1784*).

« Quand nous soutenons qu'un homme ment, dit Mon-
» taigne, c'est comme si nous disions qu'il fait le brave
» envers Dieu, et le poltron envers les hommes; car il
» témoigne, par son mensonge, qu'il craint plus les
» hommes que Dieu. »

Charron, contemporain et disciple de Montaigne, s'exprime ainsi en parlant du mensonge :

« ... Le mentir, vice vilain, dont, disait un ancien, que
» c'était aux esclaves de mentir et aux libres de dire vé-
» rité... Si l'on connaissait l'horreur et le poids du men-
» songe, on le poursuivrait à fer et à feu, et ceux qui ont
» en charge de la jeunesse devraient, avec toute instance,
» empêcher et combattre la naissance et le progrès de ce
» vice qui va toujours croissant (Charron, *De la sagesse,*
» liv. 3). »

Avant de terminer cette lecture, je dois vous citer encore les art. 153, 154, 159, 160 et 161, qui prononcent la
peine de l'emprisonnement contre ceux qui fabriquent de
faux passeports ou de faux certificats, et contre ceux qui
font usage de ces pièces fausses.

SIXIÈME LECTURE

RÉBELLION.

Vivons en citoyens, vivons soumis, paisibles,
De la rébellion les suites sont horribles.
(LEFRANC DE POMPIGNAN.)

Nous nous sommes occupés dans notre avant-dernier entretien des attentats contre la sûreté intérieure de l'État, nous passerons aujourd'hui aux articles qui traitent de la résistance, de la désobéissance et de la rébellion envers l'autorité publique.

Art. 209. — Toute attaque, toute résistance avec violence et voies de fait envers les officiers ministériels, les gardes champêtres ou forestiers, la force publique, les préposés à la perception des taxes et des contributions, les porteurs de contraintes, les préposés des douanes, les séquestres, les officiers ou agents de la police administrative ou judiciaire, agissant pour l'exécution des lois, des ordres ou ordonnances de l'autorité publique, des mandats de justice ou jugements, est qualifiée, selon les circonstances, crime ou délit de rébellion.

Art. 210. — Si elle a été commise par plus de vingt personnes armées, les coupables seront punis des travaux forcés à temps; et s'il n'y a pas eu port d'armes, ils seront punis de la réclusion.

Art. 211. — Si la rébellion a été commise par une réunion armée, de trois personnes au plus jusqu'à vingt inclusivement, la peine sera la réclusion; s'il n'y a pas eu port d'armes, la peine sera un emprisonnement de six mois au moins et de deux ans aux plus.

Art. 212. — Si la rébellion n'a été commise que par une ou deux personnes, avec armes, elle sera punie d'un emprisonnement de six mois à deux ans; et si elle a eu lieu sans armes, d'un emprisonnement de six jours à six mois.

Art. 219. — Seront punies comme réunions de rebelles, celles qui auront été formées avec ou sans armes, et accompagnées de violences ou de menaces contre l'autorité administrative, les officiers et les agents de police, ou contre la force publique; — 1° par les ouvriers ou journaliers dans les ateliers publics ou manufactures; 2° par les individus admis dans les hospices; 3° par les prisonniers, prévenus, accusés ou condamnés.

Les crimes et délits contre l'autorité publique, de même que ceux dirigés contre la sûreté de l'Etat, sont toujours causés par l'esprit de désobéissance et de révolte : je me suis assez étendu sur ce sujet dans l'une de nos précédentes lectures, il me paraît bien aujourd'hui de vous faire remarquer qu'à côté des traîtres et des rebelles, il est des natures d'élite, des hommes vraiment nobles et supérieurs qui font sans hésiter le sacrifice de leur vie pour obéir à leurs devoirs.

A la journée de la Hogue, le célèbre Tourville, pour obéir à un ordre exprès du roi, présenta la bataille avec des forces inférieures de moitié à celles de l'ennemi. Cette bataille fit le plus grand honneur au courage des

Français, à l'intrépidité de l'amiral, qui ne l'avait livrée que malgré lui. Lorsque Louis XIV en apprit la nouvelle, il demanda : Tourville est-il sauvé ? car pour des vaisseaux on peut en trouver ; mais on ne retrouverait pas aisément un officier comme lui. Quelque temps après, ce prince qui se ressouvenait toujours de l'ordre malheureux qu'il lui avait donné, le voyant passer dans la cour de Versailles, dit : Voilà l'homme qui m'a obéi à la Hogue ! Mot d'un grand sens, et de la plus noble simplicité. Les grands personnages de l'antiquité n'ont peut-être jamais rien dit de plus beau (*Histoire des progrès de la puiss. nav. de l'Angleterre*).

Jacques de Chastenet, seigneur de Puységur, et lieutenant général des armées du roi, se trouvant très-exposé dans un poste périlleux, où le comte de Soissons qui commandait l'armée, l'avait d'abord placé lui-même, le comte lui envoya dire par son aide de camp, qu'il lui conseillait de se retirer. Monsieur, répondit Puységur, un homme commandé dans une action périlleuse, ne reçoit point d'avis ; j'ai été commandé pour y être, il faut que je sois commandé pour en sortir.

Pendant les malheureuses guerres de la Vendée, il se passa un fait d'armes qui rappelle dans nos annales politiques, le fameux passage des Thermopyles.

Les républicains étaient en retraite et vivement poursuivis par un ennemi supérieur, après avoir essuyé un échec considérable. Kléber qui commandait, aperçoit un défilé et reconnaît d'un coup d'œil qu'il est possible d'arrêter la marche des ennemis, en sacrifiant trois cents hommes : il appelle un officier dont il connaît l'intrépidité et le dévouement. « Vous allez occuper ce poste, lui dit-il; vous y serez bientôt attaqué par l'ennemi; vous y périrez, mais vous sauverez l'armée. » Il embrasse ensuite l'officier et lui dit un éternel adieu. Le défilé est occupé par ces trois cents hommes. Quelques heures après, ils avaient tous cessé de vivre; mais leur trépas conservait à la patrie une armée entière (Alphonse Karr, *Les paysans illustres*).

SEPTIEME LECTURE

INJURES, DIFFAMATION, CALOMNIES.

> N'ayez pas pour les injures le ressentiment que
> vous croyez qu'elles méritent.
>
> (FRANKLIN.)

Il vous arrive quelquefois, mes amis, de vous quereller, de vous injurier, de tenir les uns sur les autres des propos malveillants.

Les injures, ne l'oubliez pas, sont les raisons de ceux qui ont tort. Quant aux querelles, un auteur a dit : « C'est une maladresse de ne savoir pas prévenir une querelle ; c'est une bêtise de se l'attirer, c'est un malheur quand on ne l'évite pas. C'est un malheur, en effet, mes enfants, quand des paroles vous en venez aux coups ; quand vous substituez au raisonnement de l'homme la force de la brute, pouvez-vous prévoir ce qui en résultera ? Ne pouvez-vous pas porter ou recevoir un coup dangereux, voire même un coup mortel, et alors, indépendamment des regrets que doit éprouver l'auteur d'un accident funeste, il y a la peine infligée par la loi, et cette peine, vous l'apprendrez prochainement, peut être, dans certains cas, très-grave.

Pour ce qui est de ces lâches et méchants propos que l'on nomme médisance et calomnie, je vais vous citer ici, pendant qu'ils me reviennent en mémoire, quelques vers tirés d'un bon auteur. Ces vers, tâchez de vous les graver dans l'esprit, ils vous mettront en garde, contre cet affreux défaut.

> La rage de médire est une impertinence,
> Dans notre vanité ce défaut prend naissance.
> Du bonheur du prochain le tableau vous aigrit;
> Le désir de briller, de montrer de l'esprit
> Vous met à la merci des oisifs d'une ville,
> Et vous n'êtes méchant que pour paraître habile.
> Mais que vous revient-il de ces fâcheux éclats?
> On vous flatte tout haut, on vous blâme tout bas,
> Vos bons mots quelquefois font rire la sottise,
> Mais toujours l'honnête homme en secret vous méprise,
> Il vous fuit, il vous voit à sa perte attaché,
> Lancer souvent le trait d'un perfide caché;
> Insulter en riant nos mères et nos filles,
> Détruire par un mot le bonheur des familles,
> Et par un jeu d'esprit fruit de la vanité
> Condamner l'innocence, et flétrir la beauté,
> Rien n'est sacré pour vous, et la reconnaissance
> N'a jamais enchaîné l'affreuse médisance.
> Dès qu'un homme est atteint de ce fatal penchant,
> Il est tout glorieux de paraître méchant;
> Nos chagrins sont pour lui de légers badinages;
> Il s'amuse des pleurs, il sourit des outrages;
> Pour un plaisir cruel, et qui dure un moment,
> L'honneur et l'amitié lui parlent vainement;
> Les médisants enfin sont une affreuse peste
> Qu'un homme de bon sens blâme, fuit et déteste.
>
> (Gosse, *le Médisant.*)

Quant aux calomniateurs, ce sont ceux qui, non contents de tenir des propos malveillants, mais vrais au fond, inventent et disent des choses mensongères, dans le but de nuire aux personnes qu'ils veulent atteindre. En d'autres termes :

Les calomniateurs sont ceux qui accusent faussement.

La peine du calomniateur était, à Rome, suivant la loi Remnia, l'impression de la lettre K sur le front, avec un fer chaud, et l'infamie, peine abolie par Constantin ; outre cette peine de la marque au front, le calomniateur subissait la peine du talion, c'est-à-dire qu'il était soumis au même supplice que celui qu'il avait voulu faire subir à l'accusé par sa dénonciation calomnieuse.

« Que quiconque accuse quelqu'un d'un crime, sache
» qu'il ne sera pas impunément permis de mentir, et que
» le supplice qu'il aura voulu faire subir sera le sien
» (Théodose). »

La calomnie... j'ai vu les plus honnêtes gens près d'en être accablés. Croyez qu'il n'y a pas de plate méchanceté, pas d'horreurs, pas de conte absurde, qu'on ne fasse adopter aux oisifs d'une grande ville (Beaumarchais, dans le *Barbier de Séville*).

Avec une calomnie on peut perdre un homme dans sa fortune, dans sa considération, on peut empoisonner toute son existence. Ayons donc horreur de la calomnie qui est le pire de tous les mensonges, et, si nous avons jamais à souffrir nous-mêmes de ses lâches attaques, mettons en pratique ce sage conseil de saint François de Sales :

« Le mal de la calomnie ne se guérit jamais si bien que
» par la dissimulation, en méprisant le mépris et témoi-

» gnant par notre fermeté, que nous sommes hors de
» prise…, car la calomnie qui n'a ni père ni mère qui la
» veuille avouer, montre qu'elle est illégitime. »

Voyons maintenant quelles sont les peines portées par
nos lois contre ceux qui se rendent coupables d'injures,
de diffamation et de calomnie.

Toute allégation ou imputation d'un fait qui porte
atteinte à l'honneur ou à la considération de la personne,
ou du corps auquel le fait est imputé, est une diffamation.

Toute expression outrageante, terme de mépris ou invective, qui ne renferme l'imputation d'aucun fait, est une injure.

Comprenez bien la distinction : la diffamation c'est
l'imputation d'un fait déterminé ; ainsi, par exemple, dire
à quelqu'un qu'il a été en prison et qu'il y retournera,
constitue le délit de diffamation. Ce reproche, en effet,
renferme l'imputation d'un fait précis, celui d'avoir été
en prison.

L'injure, c'est l'expression outrageante qui ne renferme
l'expression d'aucun fait ; dire à un homme qu'il est un
vaurien, une canaille, ne constitue qu'une injure, parce
qu'il n'y a pas là l'imputation d'un fait, d'un vice déterminé.

Les diffamations et injures constituent un délit et sont
passibles des peines *correctionnelles* prononcées par les
lois, lorsqu'elles ont été proférées dans des lieux ou
réunions publics, soit verbalement, soit par écrit.

Ces peines sont, pour la diffamation, une amende de
25 à 2,000 fr., et un emprisonnement de cinq jours à
un an, lorsque la diffamation ne s'adresse qu'à de simples
particuliers.

Mais l'amende atteint des proportions plus élevées; l'emprisonnement peut être de plusieurs années, quand la diffamation, l'injure ou l'offense s'adressent à des dépositaires ou agents de l'autorité publique dans l'exercice de leurs fonctions, à des cours, tribunaux, corps constitués, autorités ou administrations publiques (Loi du 17 mai 1819, c. p. 222 et suivants). L'art. 373 du même Code contient, en outre, cette disposition :

Quiconque aura fait par écrit une dénonciation calomnieuse contre un ou plusieurs individus, aux officiers de justice ou de police administrative ou judiciaire, sera puni d'un emprisonnement d'un mois à un an, et d'une amende de 100 à 3,000 francs.

Quant à l'injure qui ne renferme pas l'imputation d'un fait ou d'un vice déterminé, et qui n'est pas proférée publiquement, elle ne constitue qu'une simple contravention, et est punie des peines de *simple police* (1 fr. à 5 fr. d'amende, art. 471, n° 11 du c. p.).

Vous remarquerez que je ne parle pas ici des offenses qui peuvent être commises envers la personne sacrée du chef de l'État, ceci ayant fait déjà l'objet d'une leçon particulière (Voir quatrième lecture).

Il faut dire aussi que la personne qui croit avoir à se plaindre d'une diffamation verbale ou d'une injure publique ou non publique, verbale ou par écrit, peut toujours former devant la juridiction civile une demande en dommages et intérêts contre son diffamateur, lorsque les parties ne se sont pas déjà pourvues par la voie criminelle, et des sommes importantes peuvent, dans certains cas, être allouées à titre de dommages-intérêts à la personne lésée dans son honneur ou dans son crédit (Loi du 25 mai 1838, art. 5).

Pour terminer cette leçon par une moralité, je vous citerai, mes enfants, en vous invitant à les méditer, ces quelques vers d'un bon vieux poëte (1), qui pratiquait la religion du Dieu qui a prêché le pardon des injures :

> Si quelqu'un nous blesse et nous nuit,
> Quelque grande que soit l'offense,
> Laissons l'espace d'une nuit
> Entre l'injure et la vengeance.
> L'aurore à nos yeux rend moins noir
> Le mal qu'on nous a fait la veille ;
> Et tel qui s'est vengé le soir
> En est fâché lorsqu'il s'éveille.

(1) Panard.

HUITIEME LECTURE

DES ENTRAVES AU LIBRE EXERCICE DU CULTE.

> On bâtirait plutôt une ville dans les airs
> qu'une cité sans religion.
>
> (PLUTARQUE.)

Le culte c'est, selon le droit public, la prière en commun et l'accomplissement des cérémonies imposées par la religion.

Entraver le libre exercice du culte, c'est entraver l'exercice de la religion, c'est porter atteinte à l'un des plus précieux priviléges de l'homme : la liberté de conscience.

De la loi fondamentale qui porte que chacun professe sa religion avec une égale liberté et obtient pour son culte la même protection, dérivent les art. 260 à 264 de notre code pénal, qui portent en substance ce qui suit :

Seront punis :

De 16 fr. à 200 fr. d'amende et de 6 jours à 2 mois de prison, ceux qui, par des voies de fait ou des menaces, auront contraint ou empêché une ou plusieurs personnes d'exercer l'un des cultes autorisés ;

De 16 fr. à 300 fr. d'amende et de 6 jours à 3 mois d'emprisonnement, ceux qui auront empêché, retardé ou interrompu les services d'un culte;

De 16 fr. à 500 fr. d'amende et de 15 jours à 6 d'emprisonnement,

Ceux qui auront, par paroles ou gestes, outragé les objets d'un culte dans les lieux destinés à son exercice, ou les ministres de ce culte dans leurs fonctions.

On ne peut douter, a dit un célèbre jurisconsulte (1), que la religion et la police n'aient leur fondement commun dans l'ordre de Dieu; car un prophète nous apprend que c'est lui qui est notre juge, notre législateur et notre roi, et que c'est aussi lui qui sauve les hommes. Ainsi c'est lui qui, dans l'ordre spirituel de la religion, établit le ministère des puissances ecclésiastiques. Ainsi c'est lui qui, dans l'ordre temporel de la police, fait régner les rois et donne aux souverains tout ce qu'ils ont de puissance et d'autorité. D'où il s'ensuit que la religion et la police n'ayant que ce même principe commun de l'ordre divin, elles doivent s'accorder et même se soutenir mutuellement...

C'est une loi de la religion, et un devoir de ceux qui en exercent le ministère, d'inspirer et de commander à chacun l'obéissance aux puissances temporelles..., et c'est une loi de la police temporelle, et un devoir de ceux qui en exercent le ministère, de maintenir l'exercice de la religion, et d'employer même l'autorité tem-

(1) Domat, *Traité des lois*, ch. 10.

porelle et la force contre ceux qui en troublent l'ordre.
Ainsi ces deux ministères s'accordent et se soutiennent
mutuellement.

Humble magistrat, et dépositaire à ce titre d'une par-
celle de la puissance temporelle en matière de police, je
crois accomplir un devoir sacré, mes enfants, en vous
exhortant ici à conserver toujours au fond du cœur un
grand amour pour la religion et un profond respect pour
ses ministres. N'oubliez jamais que toute conviction sin-
cèrement honnête est respectable, que toute prière qui
s'élève d'un cœur pur est agréable au Dieu qui veut
qu'on laisse aller à lui les petits enfants.

Les peuples, a dit un grand orateur de la chaire (1),
peuvent être opposés de mœurs et de langage, séparés
par des mers immenses, divisés par des rivalités san-
glantes; mais il est un point sur lequel ils se réunissent
tous : la croyance d'un Dieu. Ils pourront bien varier sur
l'idée qu'ils s'en forment, les hommages qu'ils lui rendent, les rites sacrés du culte qu'ils pratiquent; mais dans
ces formes diverses le fond de la doctrine reste toujours.

Oui, le fond de la doctrine reste; oui, la croyance d'un
Dieu existe au fond de tous les cœurs, Chrétiens, si nous
voulons rallier à la sublime religion du Christ ceux de nos
frères qui marchent dans la vie, privés des rayons de son
éclatant flambeau, ce n'est pas en outrageant les ministres
et les objets d'un culte étranger au nôtre que nous par-
viendrons à cette fin, mais bien en montrant l'exemple
des vertus enseignées par la divine victime du Golgotha.

Quant à ceux qui peuvent oublier Dieu au point d'ou-

(1) Frayssinous.

trager les ministres ou les objets de la religion dans laquelle ils sont nés et que professaient leurs pères, je ne vous en parlerai ici, mes jeunes amis, que pour vous prouver qu'en dehors des peines que leur réservent les lois, ils s'exposent souvent à recevoir de sévères leçons.

Un vénérable ecclésiastique se promenait un jour, en lisant son bréviaire, sur un chemin conduisant à sa paroisse ; trois ouvriers qui, sans doute, avaient trop fêté le lundi, passent près de lui sans le saluer, et, après l'avoir dépassé, l'un d'eux se met à crier : A bas la calotte, à bas la calotte. — Non, messieurs, dit le prêtre en s'avançant vers celui qui avait proféré l'insulte et en fixant sur lui un regard terrible : A bas la casquette, à bas la casquette devant les cheveux blancs du vieillard, à bas la casquette devant le ministre du Seigneur. Intimidés par l'énergie de cette réplique, autant que par la sévérité du regard de celui qui la faisait, les trois jeunes gens se découvrirent alors humblement devant le prêtre en balbutiant de sottes excuses.

L'abbé B......, mon parent et mon ami, passait un soir dans une rue de Boulogne ; quelques jeunes gens occupaient une partie du trottoir que suivait l'abbé ; au moment où celui-ci vint à passer, une voix, sortie du milieu du groupe, profère une grossière injure à l'adresse du prêtre. Mon parent, en digne ministre du Christ, pratique largement la charité, mais il pense, avec raison, que si cette vertu commande le pardon des injures, elle ne défend à personne de se faire respecter. Il faisait nuit, l'abbé entre dans une boutique ouverte près de là, prend, avec la permission du maître de la maison, la lampe qui brûlait sur le comptoir, et, se dirigeant rapidement vers le groupe du trottoir : Quel est celui de vous, messieurs, fit-il énergiquement, qui vient de m'insulter? je suis bien aise de voir son visage? Personne ne répond. C'est l'un de vous, cependant. — Ce n'est pas moi, ce n'est pas moi, ce n'est pas moi, dit cette fois le groupe en chœur. — J'affirme que c'est l'un de vous, moi, reprend l'abbé ; eh bien! quel qu'il soit, celui-là qui vient d'insulter gratuitement un prêtre qu'il ne connaît pas, est un misérable et un lâche. Cette petite scène avait rassemblé une trentaine de personnes ; l'abbé, qui était fort aimé dans sa paroisse, ayant été reconnu, se retira après avoir remis la lampe aux mains du marchand, et l'auteur de l'insulte, dénoncé par ses camarades qui n'avaient pas voulu accepter plus longtemps la solidarité de sa grossière conduite, fut poursuivi par les huées de toutes les personnes présentes.

NEUVIEME LECTURE

DU VAGABONDAGE ET DE LA MENDICITÉ.

> Travaillez, prenez de la peine :
> C'est le fonds qui manque le moins.
>
> (LA FONTAINE.)

Art. 269. — Le vagabondage est un délit.

Art. 270. — Les vagabonds ou gens sans aveu sont ceux qui n'ont ni domicile certain ni moyens de subsistance, et qui n'exercent habituellement ni métier ni profession.

Art. 271. — Les vagabonds ou gens sans aveu qui auront été légalement déclarés tels, seront pour ce seul fait, punis de trois à six mois d'emprisonnement. — Les vagabonds âgés de moins de seize ans ne pourront être condamnés à la peine d'emprisonnement; mais sur la preuve des faits de vagabondage, ils seront renvoyés sous la surveillance de la haute police jusqu'à l'âge de vingt ans accomplis, à moins qu'avant cet âge ils n'aient contracté un engagement régulier dans les armées de terre ou de mer.

Art. 274. — Toute personne qui aura été trouvée mendiant dans un lieu pour lequel il existera un établissement public organisé afin d'obvier à la mendicité, sera punie de trois à six mois d'emprisonnement, et sera, après l'expiration de sa peine, conduite au dépôt de mendicité.

Art, 275, — Dans les lieux où il n'existe point encore de tels établissements, les mendiants d'habitude valides seront punis d'un mois à trois mois d'emprisonnement. S'ils ont été arrêtés hors du canton de leur résidence, ils seront punis d'un emprisonnement de six mois à deux ans.

Enfin, les art, 276 à 278, prononcent la peine de l'emprisonnement contre les mendiants vagabonds qui auront usé de menaces, qui auront été trouvés travestis ou porteurs d'armes, ou munis d'instruments propres à commettre des vols, ou porteurs d'effets d'une valeur supérieure à 100 fr. Et l'art, 279 porte que :

Tout mendiant ou vagabond qui aura exercé quelque acte de violence que ce soit envers les personnes, sera puni de la réclusion, sans préjudice de peines plus fortes, s'il y a lieu, à raison du genre et des circonstances de la violence.

Vous savez tous maintenant ce que c'est qu'un vagabond et un mendiant, et vous n'ignorez pas non plus que ce qui conduit au vagabondage et à la mendicité, c'est la paresse.

S'il est une vérité renfermée dans les maximes de La Rochefoucauld, c'est véritablement celle-ci : « C'est se » tromper que de croire qu'il n'y ait que les violentes pas- » sions, comme l'ambition et l'amour, qui puissent triom- » pher des autres. La paresse, toute languissante qu'elle » est, ne laisse pas d'en être souvent la maîtresse; elle » usurpe sur tous les desseins et sur toutes les actions de » la vie; elle y détruit et y consume insensiblement les » passions et les vertus. »

Ne nous laissons donc pas dominer par ce lâche défaut; prenons exemple au contraire sur l'industrieuse abeille, et sur le laborieux insecte qui sait, en travaillant l'été, se faire des magasins de réserve pour l'hiver; mais gardons-nous bien toutefois, d'imiter le froid égoïsme de la fourmi de la fable.

Celui qui, après avoir travaillé autant que ses forces le lui permettent, sait partager avec le pauvre le pain qu'il a gagné à la sueur de son front, est véritablement noble et grand entre les hommes, alors surtout que, faite avec discernement, sa charité a su s'adresser non au pauvre paresseux mais au pauvre laborieux et que, selon l'esprit de l'Evangile, sa main gauche ignore ce que sa main droite a donné.

Ce n'est point faire une citation étrangère à notre sujet que de reproduire ici une anecdote d'un grand poëte persan :

Un jeune roi de Perse s'abandonnait à la dissipation et aux plaisirs. Un jour qu'au milieu d'un festin il chantait : « Je jouissais du moment qui est passé, je jouis du mo- » ment qui passe, et je commence à jouir du moment qui » lui succède, aussi tranquille sur le passé que sur l'ave- » nir; » un pauvre assis sous ses fenêtres, l'entendit, et lui dit assez haut pour qu'il pût l'entendre à son tour : « Si tu es sans inquiétude sur ton sort, pourquoi n'en as- » tu pas sur le nôtre ? » Le roi fut touché du discours; il s'approcha de sa fenêtre, regarda le pauvre quelque temps avec attention, et sans lui parler, finit par lui faire donner une somme considérable. Il sortit ensuite de la salle du festin en faisant des réflexions sur sa vie passée. Elle avait été opposée à tous ses devoirs; il en eut honte; il prit en main les rênes du gouvernement, qu'il avait jusqu'alors abandonnées à ses favoris ; on le vit travailler assidûment, et en peu de temps il rétablit l'ordre et le bonheur dans l'empire. Depuis qu'il était occupé de l'administration de ses États, on lui faisait souvent des plaintes du désordre et de la licence dans laquelle vivait le pauvre qu'il avait enrichi. Enfin, il le vit un jour à la porte du palais ; il était couvert de lambeaux et il venait redemander l'aumône. Le roi le montrant à un des sages de sa cour, lui dit : Vois-tu les effets de la bonté ? Tu m'as vu combler cet homme de richesses, et voilà quel en est le fruit ! Mes bienfaits ont corrompu ce pauvre, ils ont été pour lui une source de nouveaux vices et d'une nouvelle misère. Cela est vrai, lui répondit le sage ; mais c'est que tu as donné à la pauvreté ce que tu ne devais accorder qu'au travail (SAADI, *Conseils aux rois*).

Joseph Ribéra, peintre espagnol, étant passé subitement de la pauvreté à l'abondance, grâce à la générosité d'un cardinal épris de ses talents, s'aperçut que cet heureux changement de fortune le rendait paresseux. Alors, honteux de lui-même, l'artiste quitta brusquement son illustre protecteur, et se remit avec joie dans la misère afin de reprendre le goût du travail. C'est à ce peintre que l'on doit le beau tableau de l'adoration des bergers qui orne le musée du Louvre.

DIXIÈME LECTURE

DES ÉCRITS ANONYMES.

> Ce qu'on ne dirait pas ne se doit point écrire,
> Tout billet clandestin est un moyen proscrit,
> L'exacte probité n'en a jamais écrit.
>
> (LA CHAUSSÉE.)

Nous allons jeter un rapide coup d'œil sur les art. 283 à 289, qui traitent des délits commis par la voie d'écrits, images ou gravures distribués sans nom d'auteur, imprimeur ou graveur. Et sur les art. 201 à 294, qui s'occupent des associations ou réunions illicites.

La loi ne permet pas qu'aucun ouvrage, écrit, avis, bulletin, affiche, feuille périodique ou autre imprimé, soit publié sans être revêtu du nom de l'auteur ou de l'imprimeur. Sans cette sage mesure, la société pourrait être exposée à une foule de désordres provoqués par des écrits d'auteurs malveillants ou mal inspirés qui, sous le voile de l'anonyme, iraient s'attaquer aux choses les plus saintes et les plus respectables, aux noms les plus glorieux et les plus honorés.

Les peines édictées sont graduées selon la gravité du délit. Ces peines, qui sont l'amende, l'emprisonnement et la confiscation des exemplaires saisis, sont applicables, non-seulement à l'auteur et à l'imprimeur, mais aussi aux crieurs, afficheurs, vendeurs ou distributeurs de l'écrit.

L'art. 287, spécialement, porte ce qui suit :

Toute exposition ou distribution de chansons, pamphlets, figures ou images contraires aux bonnes mœurs, sera punie d'une amende de seize francs à cinq cents francs, d'un emprisonnement d'un mois à un an et de la confiscation des planches et des exemplaires imprimés ou gravés des chansons, figures ou autres objets du délit.

Les art. 291 à 294 portent en substance : que toute association de plus de vingt personnes réunies dans le but de s'occuper de sujets religieux, littéraires, politiques ou autres, ne peut se former qu'avec l'autorisation du gouvernement, sous peine de 16 francs à 200 francs d'amende contre les chefs, directeurs ou administrateurs de l'association. Cette peine peut s'élever jusqu'à 300 francs d'amende et 2 années d'emprisonnement pour ces mêmes chefs, directeurs ou administrateurs, quand il aura été fait dans ces assemblées quelques provocations à des crimes ou à des délits, sans préjudice des peines plus fortes portées par la loi contre les individus personnellement coupables.

Chacun doit accepter la responsabilité de ses actes ; l'homme loyal et franc n'hésitera jamais à signer de son nom la page écrite de sa main, ni à faire connaître qu'il appartient à une association avouable.

Si des lois semblables à celle qui fait l'objet de nos articles 283 à 289, avaient pu exister dès l'origine de la découverte de l'imprimerie, on n'en serait pas encore aujourd'hui à disputer, comme le dit M. Ambroise-Firmin Didot dans son ouvrage sur la typographie, sur le nom de l'inventeur d'un art qui enregistre toutes les inventions et conserve à jamais leur avenir.

Je vous ai dit dans notre septième lecture, que les diffamations et les injures constituent un délit et sont passibles comme tel, des peines correctionnelles prononcées par les lois, lorsqu'elles ont été proférées dans les lieux ou réunions publiques soit verbalement, soit par écrit.

D'où il suit, qu'un écrit anonyme diffamatoire ou simplement injurieux, qui aura été placardé dans un lieu public, sera considéré comme un délit, tandis qu'une lettre anonyme, contenant des diffamations ou des injures à l'adresse d'un particulier, ne devra être considérée que comme une simple contravention à la charge de son auteur, si celui-ci ne lui a donné aucune espèce de publicité.

Mais que l'injure, adressée sous le voile de l'anonyme, ait été publique ou non, elle constituera toujours, et dans tous les cas, une insigne lâcheté indigne d'un honnête homme.

En 1851, M. B... et M. K..., qui remplissaient l'un à Paris, l'autre à Rouen, un emploi subalterne dans une grande administration, sollicitaient en même temps une place vacante. M. B., attaché aux bureaux de la direction et chaudement recommandé par un personnage influent, avait de grandes chances pour lui; M. K. ne se recommandait que par son aptitude et son intelligence, aussi regardait-on dans les bureaux la promotion de M. B. au poste vacant comme chose certaine, quand M. K. fut mandé à Paris par une dépêche de son directeur. Introduit près du haut fonctionnaire, la conversation suivante s'engagea entre l'employé et son supérieur.

— M. K. Vous m'avez écrit pour me demander la place de X...?

— Oui, M. le directeur.

— Saviez-vous que vous aviez un concurrent en la personne de M. B...?

— Je l'ignorais, monsieur, on vient de me l'apprendre dans vos bureaux. Si j'en avais été informé plus tôt je me serais abstenu...

— Pourquoi cela?

— Parce que je reconnais que M. B... mon aîné, plus ancien que moi dans l'administration, a des titres antérieurs.

— Vous connaissez donc B...?

— Fort peu, M. le directeur, mais je sais qu'on le considère comme un bon employé, on dit de plus qu'il est sans fortune et qu'il a sa vieille mère à sa charge. C'est pourquoi je pense que sa candidature doit passer avant la mienne.

— C'était aussi mon opinion, mais certaine lettre que j'ai reçue hier m'a fait changer d'avis; tenez, lisez. Et le directeur de présenter à l'employé une lettre ouverte.

— Mais, c'est une infâme calomnie! s'écria le pauvre K..., rouge d'indignation après avoir lu quelques lignes... Cette lettre n'est pas signée.

— Non, c'est une lettre anonyme.

— Mais, M. le directeur, fit encore K... en fondant en larmes, il n'y a pas un mot de vérité dans tout ceci.

— Je le sais, c'est pourquoi j'ai rempli de votre nom ma lettre de proposition au ministre.

— Et M. B..., M. le directeur ?

— M. B... attendra ; et, d'un geste amical, le supérieur congédia son employé.

A cinq ans de là, M. K..., après avoir rempli une délicate et difficile mission en Algérie, rentrait en France avec le grade d'inspecteur, pendant que B... végétait encore comme simple employé dans une petite ville de province. Informé de la position précaire de son ancien compétiteur, M. K... résolut d'employer tout son crédit à la direction générale, pour faire sortir B... de l'ornière dans laquelle il restait plongé.

— Il y a cinq ans, M. le directeur, dit-il un jour à ce haut personnage en l'abordant dans son cabinet, vous avez eu la bonté de me préférer pour la place de ..... à un employé qui me paraissait avoir plus de titres que moi à cette faveur ; depuis lors, grâce à votre bienveillant appui, j'ai fait un chemin rapide, tandis que le pauvre B... n'est encore que simple employé à ... Voulez-vous me permettre, M. le directeur, de vous demander pour lui la place de Saint-Julien qui va devenir vacante ?

— J'en suis fâché, mon cher inspecteur, mais je ne puis accéder à une demande que vous seriez sans doute le dernier à me faire si vous saviez... ; mais pourquoi vous le taire aujourd'hui ? Je puis bien dire à l'inspecteur ce que je n'ai pas pu confier, il y a cinq ans, au simple employé.

Il vous souvient de la lettre anonyme écrite contre vous à cette époque ?

— Parfaitement.

— Savez-vous quel était l'auteur de cette lettre?

— Je n'ai jamais cherché à le savoir.

— Comment, vous ne l'avez pas deviné?

— Aucunement.

— Eh bien, c'est votre protégé.

— M. B...?

— Lui-même.

— B...! cela n'est pas possible.

— J'en ai la preuve.

— Dans tous les cas, M. le directeur, puisque la lettre en question, au lieu de me perdre dans l'esprit de mon supérieur m'a valu sa bienveillante protection, permettez-moi d'insister de nouveau en faveur de B...; je me serai bien vengé de lui le jour où il saura que je suis pour quelque chose dans la promotion qu'il sollicite depuis tant d'années.

— C'est une vengeance trop noble pour que je me refuse plus longtemps à votre demande ; B... aura la place, mais il saura qu'il ne la doit qu'à vos pressantes sollicitations.

— Mais, si le pauvre B... était innocent de la méchante action que vous lui imputez?

— S'il m'était resté un doute, croyez-vous que B... serait encore à X...?

— Pardon.

— Comment avez-vous pu découvrir...?

— C'est bien simple, il en est de l'écriture comme du naturel que l'on chasse et qui revient au galop. Je tiens pour certain que le calligraphe le plus habile ne réussira pas toujours à contrefaire assez son écriture pour la rendre méconnaissable aux yeux d'un expert exercé; le bout de l'oreille se fera voir par une lettre, par un trait, par un simple délié même. Tenez, voici notre fameuse lettre, vous pouvez aujourd'hui la relire sans émotion... Remarquez bien ceci :

1° B..., qui écrit naturellement de travers, a l'habitude de se servir d'un guide-main ou sous-trait, chaque fois qu'il n'a pas affaire à nos registres rayés ; or, à la régularité de l'écriture il est facile de voir que l'on s'est servi du guide-main pour écrire cette lettre.

2° B... n'a pas l'habitude de barrer ses *t* ; or, j'en vois là deux qui ressemblent, à s'y méprendre, à ceux de son écriture ordinaire ; comparez plutôt. Et le directeur de prendre dans un carton une pièce écrite de la main de B...

3° B... donne ordinairement à ses accents circonflexes la forme d'un triangle rectangle. Voyez celui qui figure au-dessus du mot *même*; j'ai pu faire encore cinq ou six remarques de ce genre ; mais l'accent circonflexe seul m'aurait convaincu ; cela ne suffisait pas, j'en conviens, il me fallait une preuve, car je tenais essentiellement à savoir dans quel degré d'estime je devais avoir B... à l'avenir ; or, cette preuve la voici. Et tirant d'un carton une feuille de papier rayée à l'encre, voici le sous-trait qui a servi de guide-main à B... ; placez ce papier sous votre lettre, et vous reconnaîtrez qu'elle a été écrite à l'aide de ce transparent ; vous constaterez que l'espace qui existe entre la quatrième et la cinquième ligne est plus grand qu'entre les autres lignes, et sur le sous-trait et sur la lettre ; s'il vous reste encore un doute, regardez de plus près et vous verrez au bas de la page, un peu au-dessus de la dixième ligne, une petite tache d'encre reproduite aussi sur la lettre au verso.

J'avoue, me disait M. K..., de qui je tiens cette histoire, que si j'avais eu jamais la coupable fantaisie d'écrire une lettre anonyme, les remarques faites en ma présence par mon directeur m'en auraient seules détourné, car je suis bien convaincu avec lui, qu'il est fort difficile, pour ne pas dire impossible, de contrefaire son écriture au point de la déguiser complétement aux yeux d'un observateur exercé.

Mais, qu'est devenu M. B..., me direz-vous ?

M. B... a su qu'il devait à la générosité de M. l'inspecteur K. l'avancement qu'il a obtenu, et il a tout fait pour racheter sa faute. Mais, en dépit de son travail et de la protection de M. K..., le retard apporté à son avancement ne lui permettra jamais d'atteindre la position à laquelle il serait certainement arrivé, sans la lâche action qu'il a commise il y a dix années. Je ne connais comme vous M. B... que sous cette simple initiale, M. K..., dans sa généreuse discrétion, n'ayant jamais divulgué à qui que ce soit le nom de son ancien ennemi.

ONZIEME LECTURE

DE L'HOMICIDE (1).

> Vous ne tuerez point.
>
> (DÉCALOGUE.)

Nous voici arrivés au chapitre ayant pour objet les crimes et délits contre les personnes. Je vais citer ici textuellement la loi.

Art. 205. — L'homicide commis volontairement est qualifié meurtre.

Art. 206. — Tout meurtre commis avec préméditation ou guet-apens est qualifié assassinat.

Art. 207. — La préméditation consiste dans le dessein formé, avant l'action, d'attenter à la personne d'un individu

(1) Un censeur éclairé m'avait conseillé de retrancher de cette lecture les deux pages qui la terminent et qui contiennent à son point de vue de trop cruels tableaux. Je les ai conservées pour faire voir combien les anciens avaient en horreur le parricide ; puis encore, pour faire remarquer à mes jeunes lecteurs, que nos mœurs en s'adoucissant, ont fait disparaître de nos codes les tortures que l'on faisait endurer autrefois aux grands criminels. Peut-être, qu'il me soit permis au moins d'en exprimer le vœu, sera-t-il possible un jour de remplacer, sans qu'il y ait danger pour la société, l'affreuse peine de mort par une autre pénalité.

déterminé, ou même de celui qui sera trouvé ou rencontré, quand même ce dessein serait dépendant de quelque circonstance ou de quelque condition.

Art. 298. — Le guet-apens consiste à attendre plus ou moins de temps, dans un ou divers lieux, un individu, soit pour lui donner la mort, soit pour exercer sur lui des actes de violence.

Art. 299. — Est qualifié parricide le meurtre des pères ou mères légitimes, naturels ou adoptifs, ou de tout autre ascendant légitime.

Art. 300. — Est qualifié infanticide le meurtre d'un enfant nouveau-né.

Art. 301. — Est qualifié empoisonnement, tout attentat à la vie d'une personne, par l'effet de substances qui peuvent donner la mort plus ou moins promptement, de quelque manière que ces substances aient été employées ou administrées, et quelles qu'en aient été les suites.

Art. 302. — Tout coupable d'assassinat, de parricide, d'infanticide et d'empoisonnement, sera puni de mort, sans préjudice de la disposition particulière contenue en l'article 13, relativement au parricide. (Voir les première et quatrième lectures.)

En lisant la Genèse, vous avez dû remarquer que Dieu dans sa justice a su prononcer contre le premier meurtrier une peine plus sévère que celle de la mort en le condamnant à vivre misérablement sur la terre qu'il avait arrosée du sang innocent de son frère.

« Le Seigneur dit à Caïn : Où est votre frère Abel ? Il
» lui répondit : Je ne sais. Suis-je le gardien de mon
» frère ? — Le Seigneur lui répartit : Qu'avez-vous fait ?
» La voix du sang de votre frère crie de la terre jusqu'à
» moi. Vous serez donc maintenant maudit sur la terre

» qui a ouvert sa bouche, et qui a reçu le sang de votre
» frère, lorsque votre main l'a répandu. — Quand vous
» l'aurez cultivée, elle ne vous rendra point son fruit.
» Vous serez fugitif et vagabond sur la terre. — Caïn ré-
» pondit au Seigneur : Mon iniquité est trop grande pour
» que je puisse obtenir mon pardon. Vous me chassez
» aujourd'hui de dessus la terre et je m'irai cacher de de-
» vant votre face. Je serai fugitif et vagabond sur la terre.
» Quiconque me trouvera me tuera. — Le Seigneur lui
» répondit : Non, cela ne sera pas ; mais quiconque tuera
» Caïn en sera puni très-sévèrement, et le Seigneur mit
» un signe sur Caïn, afin que ceux qui le trouveraient ne
» le tuassent point. »

La loi de Moïse punissait de mort celui qui avait frappé son père ou sa mère (*Exode*, chap: 21).

Les Egyptiens dont il est parlé dans le livre divin que je viens de citer, condamnaient à vivre le père qui tue son enfant, et à le porter trois jours et trois nuits. Le remords, dans cette affreuse situation, devait être plus terrible que le dernier des supplices. Mais ils n'agissaient pas de même à l'égard de l'enfant qui avait tué son père ou sa mère. On enfonçait des roseaux pointus dans toutes les parties du corps du parricide et on le jetait en cet état sur un monceau d'épines où l'on mettait le feu.

A Athènes, Solon n'avait point fait de loi contre le parricide, ne croyant pas, disait-il, que ce crime fût possible.

A Rome, la loi dite des douze tables avait établi une peine contre ce crime monstrueux dont l'expérience avait alors démontré la possibilité. Cette loi des douze tables s'exprime ainsi :

« Si quelqu'un a tué son père ou sa mère, qu'on lui en-
» veloppe la tête et qu'on le jette dans le fleuve. »

Si le fleuve était trop éloigné, le coupable était brûlé
vif ou livré en pâture aux bêtes.

Ou bien encore, il était enfermé dans un sac de cuir
en compagnie d'un chien, d'une vipère, d'un coq et d'un
singe, et jeté suivant la proximité, dans la mer ou dans le
fleuve.

Autrefois en France, les parricides étaient condamnés à
la question, à avoir le poing droit coupé, à faire amende
honorable, et à être rompus vifs sur la roue; on brûlait
ensuite leurs corps et on en jetait les cendres au vent.

Voici en quels termes Mme de Sévigné rend compte de
l'exécution de la trop célèbre empoisonneuse Marie d'Au-
bray, marquise de Brinvilliers, qui avait empoisonné son
père :

Le 16 juillet 1676, vers les six heures du soir, on l'a
menée nue, en chemise, la corde au cou, à Notre-Dame,
faire amende honorable ; et puis on l'a remise dans le
même tombereau, où je l'ai vu jeter à reculons sur de
la paille, avec une cornette basse et en chemise ; un doc-
teur auprès d'elle, le bourreau de l'autre côté. En vérité,
cela m'a fait frémir... Elle monta seule et nu-pieds sur l'é-
chafaud, et fut un quart d'heure mirodée, rasée, dressée
et redressée par le bourreau... Enfin, c'en est fait ; la
Brinvilliers est en l'air ; son pauvre petit corps a été jeté,
après l'exécution, dans un fort grand feu, et ses cendres
au vent. »

La marquise de Brinvilliers avait commis, de complicité
avec un nommé Gaudin de Sainte-Croix, une quantité
énorme d'empoisonnements. On trouva dans ses papiers

une confession générale écrite de sa main, dans laquelle elle s'accusait d'avoir brûlé une maison, d'avoir empoisonné son père, ses frères, un de ses enfants, et de s'être empoisonnée elle-même... Menacée de la question, elle confessa tous ses crimes, plus nombreux et plus affreux qu'on ne se l'était imaginé. Elle eut avec le procureur général une longue conférence qui ne fut jamais rendue publique.

DOUZIEME LECTURE

DES MENACES.

> La menace à grand bruit ne porte aucune atteinte,
> Elle n'est qu'un effet d'impuissance et de crainte.
>
> (CORNEILLE.)

Les menaces sont, le plus souvent, des fanfaronnades qui demeurent sans effet, c'est ce qui a fait dire que les poltrons menacent plutôt que les braves.

Il peut être fort dangereux de menacer quelqu'un : supposons un instant qu'une personne qui a été l'objet de certaines menaces soit frappée tout à coup par un de ces malheurs dont les causes restent parfois ignorées, on sera tout naturellement disposé à faire remonter à l'auteur des menaces ces causes du malheur, c'est sur lui que se dirigeront les premiers soupçons, sur lui que s'attacheront tout d'abord les regards investigateurs de la justice.

L'homme qui fait des menaces ne se venge pas ouvertement au grand jour ; non, c'est à la faveur de la nuit, c'est quand il croit pouvoir compter sur l'impunité, qu'il cherche à atteindre son ennemi dans l'ombre ; dans sa personne, en le frappant par derrière dans un endroit isolé ; ou dans ses biens, en incendiant sa maison, en dé-

vastant ses récoltes ; ou dans sa réputation enfin, en se-
mant contre lui le mensonge et la calomnie.

La plus grande injure que l'on puisse faire à un homme
en France, c'est de dire de lui qu'il est un lâche. Fils des
vieux Francs, nous avons conservé leur franchise et leur
bravoure ; ces nobles vertus sont innées chez tous nos enfants, elles grandissent avec eux quand leur éducation est
sainement dirigée. Vous dire ici, mes jeunes amis, que
celui qui a l'habitude de faire des menaces est généralement considéré comme un lâche, c'est, je crois, vous
mettre suffisamment en garde contre le premier mouvement irréfléchi qui vous porterait à menacer quelqu'un.

Il est bon que vous sachiez cependant que les lois, qui,
elles du moins, usent à bon droit de menaces contre les
infracteurs, prononcent, selon les cas qu'elles prévoient,
les peines suivantes :

Art. 305. — Quiconque aura menacé par écrit anonyme ou
signé, d'assassinat, d'empoisonnement ou de tout autre attentat contre les personnes qui serait punissable de la peine de
mort, des travaux forcés à perpétuité ou de la déportation, sera puni de la peine des travaux forcés à temps, dans
le cas où la menace aurait été faite avec ordre de déposer une
somme d'argent dans un lieu indiqué, ou de remplir toute
autre condition.

Art. 306. — Si cette menace n'a été accompagnée d'aucun
ordre ou condition, la peine sera d'un emprisonnement de
deux ans au moins et de cinq ans au plus, et d'une amende de
cent francs à six cents francs.

Art. 307. — Si la menace faite avec ordre ou sous condition
a été verbale, le coupable sera puni d'un emprisonnement de

six mois à deux ans et d'une amende de vingt-cinq francs à trois cents francs.

Art. 308. — Dans les cas prévus par les deux précédents articles, le coupable pourra de plus être mis, par l'arrêt ou le jugement, sous la surveillance de la haute police, pour cinq ans au moins et dix ans au plus.

Le mot *menace* me remet en mémoire une belle réponse du maréchal Fabert. Lors du siége de Perpignan, en 1642, Fabert, alors capitaine des gardes, allait tous les matins rendre compte des opérations du siége au roi Louis XIII, qui était alors retenu malade à l'armée devant la place assiégée. Un jour le grand écuyer, Cinq-Mars, osa critiquer les détails qu'il entendait. — Vous avez sans doute passé la nuit à la tranchée, puisque vous en parlez si savamment, lui dit le roi. — Sire, répond le grand écuyer, vous savez le contraire. — Allez, répliqua Louis, vous m'êtes insupportable; vous voulez qu'on croie que vous passez les nuits à régler, avec moi, les grandes affaires de mon royaume, et vous les passez dans ma garde-robe, à lire l'*Arioste* avec mes valets de chambre. Allez, orgueilleux, il y a six mois que je vous vomis. Ce discours fit sortir Cinq-Mars, et, l'œil étincelant, il dit à Fabert. — Monsieur, je vous remercie. — Que vous dit-il, demande le roi; je crois qu'il vous menace? — Sire, répond Fabert, on n'oserait me faire des menaces en votre présence, et, ailleurs, je n'en souffrirais pas. (*Vie de Fabert.*)

Voulez-vous savoir aussi comment ce grand capitaine savait se venger d'une offense reçue? En cette même année 1642, peu de jours avant le commencement du siége de Perpignan, Fabert, qui avait suivi le maréchal de la Meilleraye dans le Roussillon, commandait un bataillon des gardes. Au siége de Collioure, les Espagnols s'étant présentés sur une hauteur, prêts à repousser l'attaque des Français, le maréchal de la Meilleraye, qui avait offensé Fabert en appelant chanoines les gardes qu'il commandait, vint à lui : — Oublions le passé, M. de Fabert, donnez votre avis ; que ferons-nous ? — Attaquons, répondit celui-ci. — En avant ! s'écria la Meilleraye. Fabert partit à la tête de son bataillon. Les Espagnols renversés, s'enfuirent en désordre jusqu'à Collioure, laissant beaucoup de monde et leur artillerie sur le champ de bataille, et, peu après, la ville se rendit.

Je ne terminerai pas cette lecture sans vous rappeler aussi ce mot admirable de l'un des plus grand généraux de la Grèce.

Eurybiade, général spartiate, commandait, avec Thémistocle, à Salamine. Effrayé à la vue de la multitude des vaisseaux de Xerxès, il voulait s'éloigner au moment du combat ; et, comme Thémistocle s'y opposait, il s'emporta au point de le menacer du bâton qu'il tenait à la main : Frappe, mais écoute, lui dit Thémistocle. Ramené par ce trait de modération et de grandeur d'âme, Eurybiade se rendit à l'avis du général athénien, et la bataille fut gagnée.

TREIZIEME LECTURE

COUPS ET BLESSURES.

Non, chez nous point,
Point de ces coups de poing,
Qui font tant d'honneur à l'Angleterre.

(BÉRANGER.)

Dans notre septième lecture j'ai appelé votre attention sur les suites des insultes et des querelles, voyons donc maintenant de quelles peines sont punis ceux qui portent des coups et font des blessures.

D' Art. 309. — Sera puni de la réclusion tout individu qui, volontairement, aura fait des blessures ou porté des coups, s'il est résulté de ces sortes de violences une maladie ou incapacité de travail personnel pendant plus de vingt jours. Si les coups portés ou les blessures faites volontairement, mais sans intention de donner la mort l'ont pourtant occasionnée, le coupable sera puni de la peine des travaux forcés à temps.

Art. 310. — Lorsqu'il y aura eu préméditation ou guet-apens, la peine sera, si la mort s'en est suivie, celle des travaux forcés à perpétuité, et si la mort ne s'en est pas suivie, celle des travaux forcés à temps.

Art. 311. — Lorsque les blessures ou les coups n'auront occasionné aucune maladie ou incapacité de travail personnel de l'espèce mentionnée en l'art. 309, le coupable sera puni d'un emprisonnement de six jours à deux ans et d'une amende de seize francs à deux cents francs, ou de l'une de ces deux peines seulement. S'il y a eu préméditation ou guet-apens, l'emprisonnement sera de deux ans à cinq ans, et l'amende de cinquante francs à cinq cents francs.

Dans les cas prévus par ces trois articles, la peine sera plus sévère encore si le coupable a commis le crime envers ses père et mère ou autres ascendants.

Art. 319. — Quiconque, par maladresse, imprudence, inattention, négligence ou inobservation des règlements, aura commis involontairement un homicide, ou en aura involontairement été la cause, sera puni d'un emprisonnement de trois mois à deux ans, et d'une amende de cinquante francs à six cents francs.

Art. 320. — S'il n'est résulté du défaut d'adresse ou de précaution que des blessures ou coups, l'emprisonnement sera de six jours à deux mois, et l'amende sera de seize francs à cent francs.

Art. 321. — Le meurtre ainsi que les blessures et les coups sont excusables, s'ils ont été provoqués par des coups ou violences graves envers les personnes.

Art. 323. — Le parricide n'est jamais excusable.

Art. 328. — Il n'y a ni crime ni délit lorsque l'homicide, les blessures et les coups étaient commandés par la nécessité actuelle de légitime défense de soi-même ou d'autrui.

J'appelle toute votre attention sur les articles que je viens de citer, parce que c'est malheureusement un travers commun parmi les enfants et parmi les hommes de recourir aux voies de fait pour se venger d'une offense fondée ou non.

Entre deux polissons qui se prennent aux cheveux pour

une bille qu'ils se disputent; deux portefaix qui échangent des coups de pied et des coups de poing, pour une bouteille qui reste à payer sur le comptoir du marchand de vin ; ou deux hommes du monde qui mettent l'épée à la main au sujet d'un démenti donné sur un coup douteux à un jeu quelconque, la différence n'est pas grande.

Dès le seizième siècle, un célèbre écrivain, Brantôme, dans ses mémoires sur le duel, écrivait ceci : Au combat de feu mon oncle de la Châtaigneraye contre Jarnac, parmi la grande et superbe assemblée qui s'y trouva, il y avait grande quantité d'ambassadeurs, et entre autres celui du grand sultan Soliman, lequel s'étonna fort, et trouva fort étrange ce combat d'un gentilhomme français, et surtout d'un favori du roi contre un autre ; le roi les allant mettre et exposer ainsi en tel outrage et massacre. Les mahométans ne font pas cela, mettant tout leur point d'honneur à bien servir leur prince et à prendre et soutenir sa querelle en guerre... Les Grecs disaient que ces combats appartenaient aux barbares. Les anciens Romains ont été de la même opinion que les Grecs et les Turcs; ils n'ont nullement approuvé tous ces duels et combats, ni ne se sont enfoncés en nos points d'honneur de nous autres chrétiens.

Dans son admirable page contre le duel J.-J. Rousseau s'exprime ainsi : Gardez-vous de confondre le nom sacré de l'honneur avec ce préjugé féroce qui met toutes les vertus à la pointe d'une épée, et n'est propre qu'à faire de braves scélérats.

En quoi consiste ce préjugé? Dans l'opinion la plus extravagante et la plus barbare qui entra jamais dans l'esprit humain, savoir, que tous les devoirs de la société sont suppléés par la bravoure ; qu'un homme n'est plus fourbe, fripon, calomniateur ; qu'il est civil, humain, poli, quand il sait se battre ; que le mensonge se change en vérité, que le vol devient légitime, la perfidie honnête, l'infidélité louable, sitôt qu'on soutient tout cela le fer à la main ; qu'un affront est toujours bien réparé par un coup d'épée, et qu'on n'a jamais tort avec un homme, pourvu qu'on le tue. Il y a, je l'avoue, une autre sorte d'affaire où la gentillesse se mêle à la cruauté, et où l'on ne tue les gens que par hasard ; c'est celle où l'on se bat au premier sang ! Grand Dieu ! Et qu'en veux-tu faire de ce sang, bête féroce ? le veux-tu boire ?

Les plus vaillants hommes de l'antiquité songèrent-ils jamais à venger leurs injures personnelles par les combats particuliers ? César envoya-t-il un cartel à Caton, ou Pompée à César, pour tant d'affronts réciproques ? Et le plus grand capitaine de la Grèce fut-il déshonoré pour s'être laissé menacer d'un bâton ?... Les hommes si ombrageux et si prompts à provoquer les autres, sont pour la plupart de malhonnêtes gens qui, de peur qu'on ose leur montrer ouvertement le mépris qu'on a pour eux, s'efforcent de couvrir de quelques affaires d'honneur l'infamie de leur vie entière.

Tel fait un effort et se présente une fois, pour avoir le droit de se cacher le reste de sa vie. Le vrai courage a plus de constance et moins d'empressement ; il est toujours ce qu'il doit être, il ne faut ni l'exciter ni le retenir. L'homme de bien le porte partout avec lui ; au combat, contre l'ennemi ; dans un cercle, en faveur des absents et de la vérité ; dans son lit, contre les attaques de la douleur et de la mort. La force d'âme qui l'inspire est d'usage dans tous les temps : elle met toujours la vertu au-dessus des événements, et ne consiste pas à se battre, mais à ne rien craindre.

Si, en dépit de tout ce qui a été dit et écrit contre le duel, cet usage barbare existe encore aujourd'hui dans notre pays; si notre Code ne contient pas une loi spéciale contre le duel, n'oubliez pas qu'il a été souvent jugé, et la jurisprudence est fixée à cet égard, que nos articles 309, 310 et 311, sont applicables à celui qui tue ou qui blesse son adversaire en duel.

Parlons un peu maintenant des articles relatifs aux homicides, blessures et coups volontaires.

En relisant attentivement notre art. 319, vous remarquez que la loi ne prononce de peine contre l'auteur involontaire de l'homicide, de la blessure ou des coups, que lorsqu'il y a eu de sa part maladresse, imprudence, inattention, négligence ou inobservation des règlements; il n'en serait pas de même, si l'accident avait été provoqué par un cas de force majeure ou par une circonstance qu'il n'était pas possible de prévoir.

Ainsi, par exemple, si conduisant maladroitement une voiture, vous écrasez en courant un enfant ou un vieillard, vous serez certainement punissable. Mais, si au contraire, tenant prudemment votre cheval à la bride, en traversant une ville, l'animal effrayé par un coup de feu tiré près de lui s'emporte, vous échappe et tue ou blesse quelqu'un dans sa course furieuse, aucune peine ne devra vous atteindre.

Ceci me rappelle certain jugement imité de Salomon.

Dans une ville de Turquie où la peine du talion était en usage, il advint un jour, qu'un architecte fut renversé par un coup de vent subit, du faîte d'un palais où il était à travailler; lancé dans le vide, notre homme s'en fut tomber dans la rue sur un passant qu'il tua raide; par un de ces hasards qui se produisent quelquefois, l'homme au saut périlleux put se relever, en constatant qu'il n'avait reçu que des contusions insignifiantes. A quelques jours de là, les fils du tué se présentent devant le cadi et demandent que la mort de leur père soit vengée; ils insistent, et invoquant la loi du talion disent que celui qui a tué leur père doit périr à son tour.

Le cadi qui s'était fait expliquer tout au long les circonstances de l'affaire, sut trouver le moyen de sauver l'innocent auteur de l'homicide sans violer la loi qu'il était chargé d'appliquer. Voici quelle fut sa sentence :

Celui qui a tué se placera dans la rue, près de l'endroit où le malheur a eu lieu, le fils qui veut que l'homme qui a tué son père périsse de la même mort, montera au faîte du palais, à l'endroit où se trouvait l'architecte, et se laissera tomber sur le meurtrier involontaire, alors que celui-ci traversera la place où le corps du mort a été relevé. Point n'est besoin de vous dire qu'il ne se trouva pas parmi les fils du défunt, un seul qui voulût risquer l'aventure.

En ce qui concerne notre article 328, je vous dirai avec un ancien jurisconsulte (Denisart) :

Les lois condamnent les violences, mais lorsqu'elles défendent d'en faire, elles permettent de les repousser ; elles veulent que les hommes écoutent et respectent cette défense dans le commerce paisible et tranquille qu'ils ont ensemble, mais elles les en dispensent, lorsque l'on commet contre eux des actes d'hostilité; elles se taisent dans

le bruit des armes, et elles ne leur commandent pas alors
d'attendre leur protection et leur secours, et de remettre
à être vengés par elles, parce que les innocents souffri-
raient d'abord une mort injuste.

QUATORZIEME LECTURE

DES ATTENTATS AUX MŒURS (1).

...... Heureux qui tournant en arrière
Un regard sur les pas de toute sa carrière,
Sur tant de jours passés, qu'il se rend tous présents ;
Quelque nombreux qu'ils soient, les voit tous innocents!

(RACINE, fils.)

J'ai toujours vu, dit J.-J. Rousseau, que les jeunes gens corrompus de bonne heure étaient inhumains et cruels ; leur imagination pleine d'un seul sujet, se refusait à tout le reste ; ils ne connaissaient ni pitié, ni miséri-

(1) Un membre distingué du corps enseignant avait conseillé la suppression de cet entretien ; l'auteur a pensé que la loi qui est faite pour tous, est assez chaste dans ses expressions pour pouvoir être lue par tous, et qu'il ne devait pas tourner, sans le signaler au moins à ses lecteurs, un feuillet aussi important du Code. Ce livre, on l'a dit déjà plus haut, ne s'adresse qu'aux enfants qui ont passé l'âge de la première communion ; or, si parmi mes jeunes lecteurs il en est quelques-uns qui ne sont jamais arrêtés au sens de certains mots employés dans cet entretien, tout en les ayant entendus prononcer ailleurs, cette lecture ne leur apprendra rien de plus que ceci : c'est qu'il y a toujours danger à s'écarter de la décence, à commettre des actions déshonnêtes. Quant à ceux, hélas ! très-nombreux, qui en savent davantage, ils apprendront ici que le déréglement des mœurs entraîne le plus souvent de graves désordres, et pousse quelquefois celui qui s'y laisse aller, à des crimes honteux que la justice humaine condamne sévèrement.

corde; ils auraient sacrifié père et mère, et l'univers entier au moindre de leurs plaisirs.

Au contraire, un jeune homme élevé dans une heureuse simplicité, est porté, par les premiers mouvements de la nature, vers les passions tendres et affectueuses..... Oui, je le soutiens, et je ne crains point d'être démenti par l'expérience, un enfant qui n'est pas mal né, et qui a conservé jusqu'à vingt ans son innocence, est, à cet âge, le plus généreux, le meilleur, le plus aimant et le plus aimable de tous les hommes.

Les mœurs une fois altérées, dit Bergasse, ressemblent à cette mousse dévorante qui, si on ne s'occupe de l'extirper, envahit les terrains les plus riches et n'y souffre que des arbres sans beauté, une verdure sans éclat, et des fruits dont aucune maturité n'adoucit l'amertume.

Ajouterai-je, en citant ici l'auteur du *Petit Carême*, que toute gloire humaine ne saurait jamais effacer l'opprobre que laissent le désordre des mœurs et l'emportement des passions; les victoires les plus éclatantes ne couvrent pas la honte de leurs vices; on loue les actions et l'on méprise la personne. C'est de tout temps qu'on a vu la réputation la plus brillante échouer contre les mœurs du héros, et ses lauriers flétris par ses faiblesses. Le monde, qui semble mépriser la vertu, n'estime et ne respecte pourtant qu'elle; il élève des monuments superbes aux grandes actions des conquérants; il fait retentir la terre du bruit de leurs louanges; une poésie pompeuse les chante et les immortalise... L'appareil des éloges est donné à l'usage et à la vanité, l'admiration secrète et les louanges réelles et sincères, on ne les donne qu'à la vertu et à la vérité.

L'homme qui a su conserver ses mœurs pures pendant sa jeunesse sera entouré, dans ses vieux jours, du respect et de la considération qui ne s'attachent qu'à la vertu.

Il est une recommandation, mes jeunes amis, que je ne puis m'empêcher de vous faire ici.

Certains enfants, dans les pensions et dans les écoles, recherchent la société des élèves plus âgés qu'eux, c'est un tort. Autant que possible ne vous liez qu'avec les enfants de votre âge, et, parmi ceux-ci, recherchez toujours de préférence ceux qui s'attachent à remplir exactement tous leurs devoirs, et fuyez ceux qui vous donnent de mauvais conseils, ou qui vous enseignent de méchantes actions.

La voix de votre conscience vous avertit toujours de ce qui est bien et de ce qui est mal ; s'il vous est arrivé par malheur d'apprendre, par le contact d'un enfant vicieux, une chose mauvaise et dangereuse, respectez-vous assez vous-même, respectez assez l'innocence de vos jeunes camarades, pour ne pas apprendre à aucun d'eux ce que vous-même auriez dû ignorer ; car, s'il est une chose plus honteuse et plus coupable que de commettre le mal...., c'est de l'enseigner au cœur innocent qui ne le soupçonnait pas. N'oubliez pas qu'il est écrit : Malheur à celui par qui le scandale arrive !

La loi devait se montrer sévère contre ceux qui se rendent coupables d'attentats aux mœurs, car la corruption des mœurs, a-t-il été dit, entraîne la ruine des empires. Les art. 330 à 340 de notre Code pénal, contiennent l'énumération des peines qu'elle prononce dans les différents cas prévus par ces articles.

Toute personne qui aura commis un outrage public à la pudeur, porte l'art. 330, sera punie d'un emprisonnement de trois mois à un an, et d'une amende de seize francs à deux cents francs.

C'est là, notez-le bien, la peine la plus faible. La peine de la réclusion, celle des travaux forcés à temps et des travaux forcés à perpétuité, sont prononcées dans certains cas qu'il me parait inutile d'énumérer ici.

Si je pouvais compulser devant vous les recueils des arrêts de nos cours d'assises, vous verriez combien de malheureux entraînés au crime par des habitudes vicieuses contractées dans l'enfance, vont expier dans les bagnes des attentats commis contre les mœurs.

Mais ce serait manquer au respect dû à la candeur de votre âge que de vous dévoiler de semblables turpitudes, je vous citerai d'autres exemples.

Vous avez lu dans l'histoire sainte que Noé ayant bu du vin de la vigne qu'il avait plantée, s'enivra et s'endormit sous sa tente dans une posture indécente ; Cham, le second de ses fils, l'ayant vu dans cette position, vint le dire en riant à Sem et à Japhet, ses deux frères. Ceux-ci ayant pris un manteau marchèrent à reculons et couvrirent leur père de ce vêtement. Le saint patriarche ayant été instruit à son réveil de ce qui s'était passé, accabla Cham de sa malédiction et l'asservit à ses frères. Or, cette malédiction de Noé poursuit toujours Cham dans sa postérité ; la race noire qui descend de lui est encore, sur plusieurs points du globe, l'esclave des descendants de Sem et de Japhet.

Quand vous lirez l'histoire de la grande révolution, si vous vous arrêtez à la page sanglante où est enregistrée la mort de la vertueuse sœur du malheureux Louis XVI, vous remarquerez ce triste passage :

Le 10 mai 1794, madame Elisabeth, sœur du roi, monta dans l'une des charrettes qui conduisait, à la place de la Révolution, vingt-quatre personnes, d'âge, de sexe et de rangs différents, condamnées à périr avec elle. Durant le trajet qui conduit du Palais-de-Justice à cette place, une troupe forcenée suivait les charrettes en faisant retentir l'air de vociférations : la belle et douce physionomie d'Elisabeth n'exprima aucun sentiment pénible. Cette princesse disposait à la mort une vieille femme auprès de laquelle on l'avait attachée. A ce moment le fichu qu'elle avait au cou étant venu à tomber, ce fut avec la plus vive émotion qu'elle adressa au bourreau ces mots mémorables : « Au nom de Dieu et de la pudeur, monsieur, ramassez ce » mouchoir et couvrez-moi le sein. »

Mais ne multiplions pas les exemples, et terminons cette lecture en disant avec le poëte (Racine fils) :

La pudeur est le don le plus rare des cieux !

QUINZIEME LECTURE

DU FAUX TÉMOIGNAGE.

Faux témoignage ne diras ni mentiras aucunement.

En relisant avec vous dans notre cinquième lecture les articles de la loi qui traitent du faux, j'ai cherché à vous inspirer la haine du mensonge; vous avez compris à quelles fins ce vice conduit le plus souvent; il me reste à vous parler aujourd'hui de ce mensonge ignoble, infâme, qui consiste à affirmer comme vrai, devant Dieu, qui connaît la vérité, devant des juges qui la recherchent, des faits que l'on sait être faux.

Comprenez-vous, qu'un être intelligent et libre puisse se présenter devant un tribunal, devant une cour, et que là, debout, découvert, la main droite levée devant le Christ, au milieu du silence religieux qui se fait dans le sanctuaire de la justice pour entendre sortir, de cette bouche qui s'ouvre, ce qui doit être la vérité, comprenez-vous, dis-je, que cet être (je ne dirai pas cet homme, par respect pour l'humanité) ose témoigner de faits mensongers, alors qu'il vient de jurer solennellement de dire la vérité tout entière, alors qu'à chaque battement de son cœur sa conscience révoltée lui crie : Tu mens, tu mens, tu mens !

Et pourtant, horreur ! des pauvres ont été dépossédés du peu qu'ils avaient sur de semblables témoignages ; sur de semblables témoignages, des têtes innocentes ont roulé sur l'échafaud.

Voyons donc un peu quelles sont les peines portées par la loi contre les faux témoins.

Art. 361. — Quiconque sera coupable de faux témoignage en matière criminelle, soit contre l'accusé, soit en sa faveur, sera puni de la peine des travaux forcés à temps. Si néanmoins l'accusé a été condamné à une peine plus forte que celle des travaux forcés à temps, le faux témoin qui a déposé contre lui subira la même peine.

Art. 362. — Quiconque sera coupable de faux témoignage en matière correctionnelle, soit contre le prévenu soit en sa faveur, sera puni de la réclusion. Quiconque sera coupable de faux témoignage en matière de police, soit contre le prévenu soit en sa faveur, sera puni de la dégradation civique et de la peine d'emprisonnement pour un an au moins et cinq ans au plus.

Art. 363. — Le coupable de faux témoignage en matière civile, sera puni de la réclusion.

Art. 364. — Le faux témoin en matière correctionnelle ou civile, qui aura reçu de l'argent, une récompense quelconque ou des promesses, sera puni des travaux forcés à temps. Le faux témoin en matière de police qui aura reçu de l'argent, une récompense quelconque ou des promesses, sera puni de la réclusion. Dans tous les cas, ce que le faux témoin aura reçu sera confisqué.

Art. 365. — Le coupable de subornation de témoins, sera

passible des mêmes peines que le faux témoin, selon les distinctions contenues dans les art. 361, 362, 363 et 364.

Art. 366. — Celui à qui le serment aura été déféré ou référé en matière civile et qui aura fait un faux serment, sera puni de la dégradation civique. (Voir au *Vocabulaire* le mot serment.)

Pour vous distraire de cette sérieuse lecture je prendrai dans un vieux recueil littéraire une anecdote ayant trait à notre sujet.

Un pauvre homme réclamait une maison qu'avait usurpée un homme riche et puissant. Le premier produisait quelques titres à l'appui de ses droits, le second produisait un grand nombre de témoins qui déposaient en sa faveur. Pour appuyer d'avantage la déposition de ses témoins, le riche offrit un sac de 500 ducats au cadi, qui les accepta. A l'audience, quand les parties eurent été entendues contradictoirement, le cadi tira de dessous son sopha le sac à l'aide duquel on avait tenté de corrompre son intégrité. Vous vous êtes conduit bien maladroitement dans cette affaire, dit-il au riche usurpateur : ce pauvre homme n'avait que des titres contestables; vous aviez de nombreux témoins, vous l'emportiez sur lui si vous ne lui eussiez fourni vous-même ces cinq cents témoins, qui parlent contre vous ; puis lui ayant jeté son sac avec indignation, il adjugea la maison au pauvre demandeur.

SEIZIEME LECTURE

VOLS.

> Vous ne déroberez point.
> Vous ne désirerez point la femme de votre prochain, ni sa maison, ni son champ, ni son serviteur, ni sa servante, ni son bœuf, ni son âne, ni aucune chose qui lui appartienne.
>
> *(Deutéronome, ch. v.)*

J'appelerai toute votre attention sur ce long et important chapitre.

L'infraction la plus commune, celle que les tribunaux sont appelés le plus souvent à réprimer, c'est le vol.

Quiconque (porte l'art. 379) a soustrait frauduleusement une chose qui ne lui appartient pas est coupable de vol.

Combien peu de gens peuvent se dire complétement innocents si non d'aucun vol, du moins d'aucune convoitise ! combien peu ont toujours respecté l'esprit et la lettre de cette défense contenue dans la loi sainte que j'ai choisie pour épigraphe de cette lecture !

On entend par convoitise : un ardent et criminel désir de posséder des biens et de parvenir à ses fins à quelque prix que ce puisse être ; on disait autrefois un convoiteux, je trouve ce vieux mot dans un petit conte qui aura sa place ici.

Un envieux et un convoiteux voyageant de compagnie, trouvèrent sur leur chemin une chapelle dédiée à saint Martin, ils invoquèrent le saint, et ne furent pas peu surpris d'entendre une voix qui promit à l'envieux de lui accorder tout ce qu'il pourrait désirer, à quoi que ses souhaits pussent aller, pourvu qu'il consentît que son camarade, le convoiteux, reçût le double de ce qu'il pourrait désirer. Après avoir réfléchi un instant, l'envieux dit : Je souhaite perdre un œil, il devint borgne, mais il eût la douce satisfaction de voir son camarade devenir aveugle. Ne nous éloignons pas de notre sujet, je n'ai parlé de la convoitise que pour faire comprendre que de ce vice à l'action de voler, la distance est si faible, que malheureusement elle est souvent franchie. C'est pour cela que la loi de Moïse après avoir défendu le vol : *Vous ne déroberez point !* défend aussi la convoitise : *Vous ne désirerez point*, etc.

Ne portez donc pas un œil d'envie sur ce qui ne vous appartient pas, de peur que vous ne soyez ensuite entraînés au crime.

« Il faut surtout veiller au commencement de la tentation, dit le livre saint que j'ai déjà eu l'occasion de vous citer (*Imitation de Jésus-Christ*, ch. 13), parce que l'ennemi est bien plus aisément vaincu, quand, loin de lui donner aucune entrée dans notre âme, nous allons au-devant de lui pour le repousser lorsqu'il se présente.

C'est ce qui a fait dire à un ancien :

Opposez-vous au mal, avant qu'il s'enracine ;
S'il séjourne, il rend vain l'art de la médecine.

(OVIDE.)

Car une simple pensée s'offre d'abord à l'esprit, puis une vive image que se forme l'imagination, puis le plaisir, puis le mouvement déréglé, et enfin le consentement. »

L'homme qui a consenti une première fois à commettre un vol, y consentira une seconde fois, une troisième, et il ne pourra plus ensuite s'arrêter sur cette pente fatale du vol ; pour ne citer qu'un exemple de la persistance de la monomanie du vol, je reproduirai un fait extrait d'une vieille publication :

Dans la prison de la Tournelle, un voleur à l'agonie, sachant que le camarade qui dormait à côté de lui avait reçu la veille une pièce de douze sols, ramassa le peu de force qui lui restait, et lui prit dans sa poche cette petite somme ; il ne survécut que d'un quart d'heure à ce larcin, qui fut découvert par les gardes qui le dépouillèrent. (*Journal de Verdun.*)

Ah ! ne consentons jamais à mal faire, et si nous voyons notre proche ou notre ami sur le point de commettre une mauvaise action, ne craignons pas de lui venir en aide pour résister au malheureux penchant qui l'entraîne, cherchons à le relever par une bonne parole, de même que nous essayerions de le relever par un vigoureux effort de notre bras, s'il venait à tomber sur le bord d'un précipice ou dans une eau profonde.

Un père ayant appris que son fils se proposait d'aller

lui voler pendant la nuit une somme importante qui se trouvait renfermée dans sa caisse, écrivit sur la porte de ce meuble ce mot sublime : Acceptez, ne dérobez pas.

Non, ne dérobez pas, car le vol conduit à l'infamie, vous allez en juger.

Art. 381. — Seront punis des travaux forcés à perpétuité les individus coupables de vols commis avec la réunion des cinq circonstances suivantes :

1° Si le vol a été commis la nuit ;

2° S'il a été commis par deux ou plusieurs personnes ;

3° Si les coupables ou l'un d'eux étaient porteurs d'armes apparentes ou cachées ;

4° S'ils ont commis le crime, soit à l'aide d'effraction extérieure, oud'e scalade, ou de fausses clefs, dans une maison, appartement, chambre ou logement habités ou servant à l'habitation, ou leurs dépendances, soit en prenant le titre d'un fonctionnaire public ou d'un officier civil ou militaire, ou après s'être revêtus de l'uniforme ou du costume du fonctionnaire ou de l'officier, ou en alléguant un faux ordre de l'autorité civile ou militaire ;

5° S'ils ont commis le crime avec violence ou menace de faire usage de leurs armes.

Quand toutes les circonstances prévues dans l'art. 381 ne concourent pas au vol, mais que quelques-unes d'elles existent, c'est la peine des travaux forcés à temps qui est applicable. (Art. 383, 384, 385.)

Cependant, les vols commis sur les grands chemins emporteront la peine des travaux forcés à perpétuité, lorsqu'ils auront été commis avec deux des circonstances prévues dans l'art. 381.

Ils emporteront la peine des travaux forcés à temps,

lorsqu'ils auront été commis avec une seule de ces circonstances.

Dans les autres cas, la peine sera celle de la réclusion.

Les art. 386 à 389 énumèrent les peines qui sont applicables aux différentes espèces de vols spécifiés dans ces
articles. Je vous les cite seulement en passant.

Il n'est pas nécessaire de chercher à vous prouver par
des exemples que celui qui contracte l'habitude du vol
finit toujours, un peu plus tôt ou un peu plus tard, par
tomber sous la main de la justice ; mais il est bon peut-être
de vous dire quelques mots d'un homme tristement célèbre, et dont le nom est encore bien souvent cité ; c'est
ici le cas de le faire.

Cartouche (Louis-Dominique), né à Paris, vers 1693,
mort le 28 novembre 1721, a eu le triste avantage de lé-
guer son nom à la postérité comme celui du voleur le plus
habile des temps modernes : né d'une famille parisienne
d'artisans qui jouissaient d'une honnête aisance, il fut dès
son enfance chassé pour ses larcins reconnus, d'abord du
collège où on l'avait placé (Louis-le-Grand), puis de la
maison paternelle, où l'on avait espéré en vain réformer
ses penchants vicieux. Livré alors à lui-même, ce jeune
homme alla trouver une bande de voleurs qui exploitait
la Normandie. Son audace, ses ruses, sa force prodigieuse
et son adresse le firent bientôt admirer de ses complices,
qui le choisirent pour leur chef. Mais déjà Cartouche ne
trouvait plus la province digne de ses talents, et ce fut
dans la capitale qu'il vint les exercer. Il y forma une
troupe de bandits très-nombreuse, et qui fut sous peu de
temps très-redoutée. Il lui avait donné des règlements

qui assuraient au chef un pouvoir despotique, et lui con-
féraient sur chacun de ses subordonnés le droit de vie et de
mort. Toutefois Cartouche, dont l'âme n'était point naturellement féroce, répandait rarement le sang, soit des
siens, soit de ceux qu'il dévalisait. Ses vols multipliés
n'en inspirèrent pas moins une terreur profonde aux
bourgeois de Paris, assez mal protégés par la police de ce
temps. Quoiqu'une forte récompense eût été promise à
celui qui le livrerait à la justice, il sut se dérober longtemps à toutes les recherches. Arrêté enfin dans un ca-
baret de la Courtille, il parvint à s'évader des prisons du
Châtelet, en perçant un mur qui communiquait à la cave
d'une maison voisine; mais, aperçu par un des habitants
qui donna l'alarme, il y fut repris sur-le-champ, et placé
dans un cachot mieux surveillé. Le procès de ce bandit
fameux dura plusieurs mois, et excita vivement la curio-
sité publique. Condamné à être rompu vif, il subit le supplice préparatoire de la question sans rien avouer; mais
cette force l'abandonna aux derniers moments, et, quelques instants avant son exécution en place de Grève, il
fit l'aveu de tous ses crimes. « Cartouche commença par
voler des épingles ! » dit-on à un enfant chez lequel on
peut craindre des dispositions au larcin ; et la mention
faite encore de ce brigand fameux s'associe ici à une leçon
morale des plus expressives. (*Ency. des gens du monde.*)

Dans le *Journal de Verdun* que j'ai cité déjà, je trouve
encore cette ancienne anecdote :

Joseph Privat, de Molières, physicien recommandable
par ses connaissances, était dans l'usage de travailler
dans son lit : sa nièce et sa domestique étant un jour sor-
ties, un voleur se glissa dans son appartement du collége

royal où il demeurait. — Monsieur, à qui en voulez-vous ?
— A votre bourse. — Mon argent est dans le tiroir à
gauche de ce bureau. Ouvrez-le ; prenez l'argent ; mais de
grâce ne dérangez pas mes papiers. — N'avez-vous que
cela? — Cherchez tant qu'il vous plaira, mais de grâce,
monsieur, ne dérangez pas mes papiers. — La recherche
faite et le vol consommé, le voleur se retire, mais il né-
glige de fermer la porte ; c'était en hiver. — Monsieur,
monsieur, n'avez-vous pas touché à mes papiers? — Non.
— Eh bien, obligez-moi encore, en tirant la porte sur
vous.

Les voleurs n'ont pas toujours affaire à des personnes
d'aussi facile composition.

Certain filou tenta de s'introduire pendant la nuit au
premier étage de l'évêché de..... par la fenêtre d'une
chambre occupée par un vieux chanoine ; éveillé en sur-
saut par le bruit d'une vitre qui venait de voler en éclats,
l'ecclésiastique se jette en bas de son lit, se précipite
vers sa fenêtre et se trouve face à face avec le malfaiteur :
Ego sum angelus Domini : Je suis l'ange du Seigneur dit en
payant d'audace, le drôle surpris en flagrant délit.— *Non
sum dignus ut intres sub tectum meum :* Je ne suis pas
digne que vous entriez dans ma maison, répliqua le prêtre
et en même temps d'un vigoureux coup de poing il ren-
versa et précipita dans la rue son visiteur nocturne.

Mais c'est assez conter, revenons à la loi.

Art. 390. — Est réputé maison habitée, tout bâtiment, logement, loge, cabane, même mobile, qui, sans être actuellement habité, est destiné à l'habitation, et tout ce qui en dépend,
comme cours, basses-cours, granges, écuries, etc.

Art. 391. — Est réputé parc ou enclos tout terrain envi-
ronné de fossés, de pieux, de claies, de planches, de haies vives
ou sèches, ou de murs de quelque espèce de matériaux que ce
soit, quelles que soient la hauteur, la profondeur, la vétusté,
la dégradation de ces diverses clôtures, etc.

Art. 392. — Les parcs mobiles destinés à contenir du bétail
dans la campagne, de quelque matière qu'ils soient faits, sont
aussi réputés enclos ; et lorsqu'ils tiennent aux cabanes mobiles
ou autres abris destinés aux gardiens, ils sont réputés dépendances de maison habitée.

Art. 393. — Est qualifié effraction, tout forcement, rupture, dégradation, démolition, enlèvement de murs, toits,
planchers, portes, fenêtres, serrures, cadenas ou autres ustensiles ou instruments servant à fermer ou à empêcher le passage, et de toute espèce de clôture, quelle qu'elle soit.

Art. 397. — Est qualifiée escalade, toute entrée dans les
maisons, bâtiments, cours, basses-cours, édifices quelconques,
jardins, parcs et enclos, exécutée par-dessus les murs, portes,
toitures ou toute autre clôture, etc.

Art. 398. — Sont qualifiés fausses clefs, tous crochets, ros-
signols, passe-partout, clefs imitées, contrefaites, altérées, etc.

DIX-SEPTIEME LECTURE

BANQUEROUTES, FAILLITES.

Combien en a-t-on vu banqueroutiers parfaits,
Vivre du revenu des crimes qu'ils ont faits.

(BOURSAULT.)

Banqueroute, banqueroutier, nous viennent des mots italiens *banco-rotto*, *banca-rotta* qui signifient banc rompu, banquette rompue. Chaque négociant avait son banc sur la place de change, celui qui avait mal fait ses affaires ne s'y présentait plus et son banc était rompu, brisé, *banco-rotto*.

La banqueroute est simple ou frauduleuse.

Sera déclaré banqueroutier simple, porte l'art. 585 du Code de commerce, tout commerçant failli qui se trouvera dans un des cas suivants :

1º Si ses dépenses personnelles ou les dépenses de sa maison sont jugées excessives;

2º S'il a consommé de fortes sommes soit à des opérations de pur hasard, soit à des opérations fictives de bourse ou sur marchandises.

3º Si, dans l'intention de retarder sa faillite, il a fait des achats pour revendre au-dessous du cours; si, dans la même intention, il s'est livré à des emprunts, circulations d'effets, ou autres moyens ruineux de se procurer des fonds ;

4° Si, après cessation de ses paiements, il a payé un créancier au préjudice de la masse.

La banqueroute simple est un délit, elle est punie d'un emprisonnement d'un mois au moins et de deux ans au plus par l'art. 402 de notre Code pénal.

Sera déclaré banqueroutier frauduleux (art. 591 du Code de commerce), et puni des peines portées par le Code pénal (les travaux forcés à temps, art. 402). Tout commerçant failli qui aura soustrait ses lives, détourné ou dissimulé une partie de son actif, ou qui, soit dans ses écritures, soit par des actes publics ou des engagements sous signature privée, soit par son bilan, se sera frauduleusement reconnu débiteur de sommes qu'il ne devait pas.

Le banqueroutier simple peut être admis à la réhabilitation, quand il a subi sa peine.

Le banqueroutier frauduleux est à jamais flétri.

En matière de banqueroute frauduleuse, les complices sont punis comme les auteurs (C. p. 403).

Le mot banqueroutier étant en général plus connu que celui de failli, c'est pour cette raison que j'ai quelque peu interverti l'ordre, en parlant de la banqueroute avant de vous dire ce qu'on entend par les mots *failli, faillite*.

Tout commerçant qui cesse ses paiements est en état de faillite (C. com. 437). La faillite d'un commerçant peut être déclarée après son décès, lorsqu'il est mort en état de cessation de paiement. La déclaration de la faillite ne pourra être, soit prononcée d'office, soit demandée par les créanciers, que dans l'année qui suivra le décès.

Le failli pourra être réhabilité après sa mort (C. com. 614).

Pour éviter le déshonneur qu'entraîne la banqueroute, on a imaginé le mot faillite. A l'aide de ce mot, un fripon échappe à l'ignominie qui poursuit celui qui ne paie pas ses dettes. Il brave ses créanciers par le bilan qu'il expose, et recommence ses escroqueries sans rien diminuer de son faste et de son insolence.

On s'est fait de nos jours un système de faillites que l'on est convenu d'appeler des malheurs. Avec ces malheurs-là on parvient à ruiner ses créanciers, à acheter des maisons et à marier ses filles.

Je copie ces lignes dans un vieux livre imprimé dans les premières années de ce siècle, et dû à la plume de M. Sallentin, de l'Oise. Ne peut-on pas dire aujourd'hui qu'en dépit des modifications qui ont été apportées au Code de commerce par la loi du 28 mai 1838, beaucoup de gens trouvent encore le moyen de s'enrichir en faisant plusieurs fois faillite ?

Si nous recherchons la cause de ces désastres financiers qui affligent incessamment nos places commerciales, nous la trouvons dans le goût immodéré du luxe qui s'est introduit partout. Chacun aujourd'hui vise à la fortune, il importe avant tout d'y arriver promptement, et beaucoup, hélas! il faut bien le dire, sont peu scrupuleux dans le choix des moyens qu'ils emploient pour arriver de suite au but dans cette dangereuse course au clocher.

Placez-vous sur un point où circule la foule, sur un boulevard de Paris, par exemple; et là, sur cent personnes qui passeront devant vous dans l'espace de quelques minutes, il n'est pas douteux que vous en pourrez compter plus de quatre-vingts qui sont lancées à fond de train dans cette furieuse course à la fortune. Que si vous rencontrez là un ami que vous n'aurez pas vu depuis des années, il y a cent à parier contre un qu'après avoir échangé quelques rapides paroles, votre ami vous dira : Pardon, mon cher, je suis pressé, les affaires avant tout... Les affaires avant tout ! ce mot stéréotypé dans toutes les bouches, viendra vingt fois le jour se jeter au travers de vos sentiments les meilleurs, et de vos plus intimes expansions.

Vous l'entendrez dire, par ce mari qui se hâte de prendre son chapeau pour courir à la bourse et qui laisse au lit sa femme en danger de mort... Les affaires avant tout ;

Par ce fils, qui ne se donne pas le temps de recevoir son vieux père qui vient du fond de sa province pour le serrer dans ses bras, et qu'il quitte pour son comptoir, remettant à un autre instant le bonheur de le presser sur son cœur... Les affaires avant tout.

Les affaires avant tout ! c'est-à-dire, avant tout, le moyen de se procurer de l'or, cet or qui donne satisfaction à tous les appétits matériels, cet or qui, seul, rend le luxe possible.

Mais les besoins de l'âme, de l'esprit et du cœur ? Les saints devoirs de la famille, de l'amitié ? Qu'importe ! ils viendront après... les affaires avant tout ! l'or avant tout ! Et si cette source de l'or vient à se tarir, comme cela a lieu souvent, dans les mains mêmes des plus méritants et des plus habiles, où ira donc l'homme qui a contracté les habitudes du luxe et de la dépense ? Il ira, il courra à sa ruine, et c'est là le moindre mal ; mais il tombera en faillite, il deviendra banqueroutier, banqueroutier frauduleux le plus souvent, il ira à l'infamie !...

Ah ! repoussons donc cette sotte formule de l'égoïsme : les affaires avant tout, et disons : Le devoir avant tout. Oui, le devoir, le devoir accompli en toutes choses consciencieusement, laborieusement. N'oublions point que le but de l'homme ici-bas n'est pas de vivre pour amasser des richesses, mais des vertus, et tenons pour vraies ces paroles du livre de Salomon : « L'héritage que l'on se hâte d'acquérir d'abord, ne sera point à la fin béni de Dieu. » (*Proverbes*, ch. xx, v. 21.)

Si le bonheur accompagnait toujours le pouvoir ou la fortune, dit un auteur que j'ai déjà cité (Sallentin de l'Oise), quel homme eût été plus heureux que le calife Abd-Oul-Rahman ! Telle fut cependant l'inscription qu'il fit graver sur sa tombe : Honneurs, richesses, puissance, j'ai joui de tout, estimé et craint des princes mes contemporains, ils ont envié mon bonheur, ils ont été jaloux de t... gloire, ils ont recherché mon amitié. J'ai, dans le cours de ma vie, exactement marqué tous les jours où j'ai goûté un plaisir pur et sans mélange, et dans un règne de cinquante années, je n'ai compté que quatorze jours.

Le luxe contre lequel on a tant parlé et tant écrit, le luxe que M. Jules Lecomte appelle le péril de la médiocrité, et dont M. Sainte-Foix a dit dans ses *Essais historiques :* « Il est insultant, parce qu'il est journellement et frivolement dépensier ; c'est l'appétit et le triomphe des petites âmes ; il naît et se nourrit de l'envie ridicule de paraître plus qu'on n'est, en s'égalant, par l'extérieur, à ceux qui sont d'une condition au-dessus de la nôtre. Créateur et toujours avide de nouvelles superfluités, il nous met hors d'état de soulager les véritables besoins des autres ; on y devient insensible, et la fastueuse ivresse nous rend mauvais parents, mauvais citoyens. »

Le moindre commerçant aujourd'hui ne croit pas pouvoir se dispenser d'avoir sa maison à la campagne, il dépense en frais d'ameublement et de représentation des sommes énormes.

Combien en pourrait-on citer qui n'ont d'autre mérite que celui de savoir vendre avec de gros bénéfices les marchandises qui garnissent les rayons de leurs magasins et qui gagnant dans une année, quelquefois dans un mois, dix fois plus que ne sauraient le faire les hommes les plus érudits, les plus intelligents et les plus distingués, finissent un beau jour par déposer leur bilan, parce que les quelques centaines de mille francs qu'ils réalisent chaque année ne suffisent pas aux exigences des besoins de ces mangeurs d'argent !

Il n'en était pas ainsi autrefois.

François de Montholon, garde des sceaux sous François 1er, logeait avec toute sa famille au coin de la rue Saint-André-des-Arts, et de la rue Git-le-Cœur, dans une maison où il n'y avait qu'une salle et une petite cuisine au rez-de-chaussée, deux chambres au premier étage, deux au deuxième et un grenier au troisième. On ne dira pas cependant que c'était par avarice. Ce noble personnage ayant accompagné le roi à la Rochelle, où il y avait eu une sédition, ce prince lui fit présent de l'amende de deux cent mille livres, à laquelle il condamna les Rochellais ; Montholon leur remit cette amende, à la condition qu'ils feraient bâtir dans leur ville un hôpital pour les malades.

On trouva cinquante mille écus chez un juif mort à Paris sans famille. Henri III fit présent de la moitié de cette aubaine à Geoffroy Camus de Pontcarré. Ce magistrat envoya chercher trois négociants qui s'étaient nouvellement associés, et qui venaient d'être ruinés par un incendie, et leur fit don de ces vingt-cinq mille écus. Sa femme regardait comme luxe et ne voulait pas porter une paire de bas de soie, qu'une de ses tantes, mariée à la cour, lui avait envoyée pour ses étrennes. (Saint-Foix, *Essais historiques sur Paris*.)

Autrefois, dit encore le même auteur, on punissait de différentes manières ceux que leur conduite ou mauvaise foi mettait dans le cas de faire la cession de leurs biens. En Italie, on les obligeait de frapper la terre avec leur derrière. On voit encore dans la maison de ville de Padoue, la pierre du blâme, *Lapis vituperii*, où ceux qui étaient reçus à la cession disaient à haute voix en frappant par trois fois le derrière nu contre cette pierre : Je cède mes biens. En France, on les condamnait à porter un bonnet vert. Cet usage s'introduisit d'abord dans les parlements de Rouen, de Toulouse et de Bordeaux. Il est un arrêt de 1622 qui juge que la qualité de gentilhomme ne dispense pas celui qui fait cession de ses biens de porter le bonnet vert. Dans le cas où l'on trouvait des cessionnaires sans avoir ce bonnet sur la tête, il était permis à leurs créanciers de les constituer prisonniers. La peine du bonnet leur était imposée moins pour les noter d'infamie que pour ne pas contracter avec eux, et pour obvier aux banqueroutes.

Les différentes révolutions qui arrivent dans le commerce exigeraient qu'on fît revivre cet usage, ne fût-ce

que pour empêcher la trop grande facilité à contracter
avec toutes sortes de marchands; cet uniforme ferait
prendre plus de précautions.

Je laisse là mes citations et vous conclurez avec moi
que si les commerçants et tous ceux qui vivent dans le
monde des affaires savaient se contenter d'un logement
aussi modeste que celui qui suffisait au garde des sceaux
du roi chevalier; si les femmes, qui poussent, en général,
plus loin que les hommes le goût du luxe et de la dépense,
ne se montraient pas plus exigeantes pour la toilette que
ne paraissait l'être la dame de Pontcarré; si la peine du
bonnet vert était rétablie, on n'aurait pas à déplorer autant de faillites, autant de banqueroutes.

DIX-HUITIEME LECTURE

ABUS DE CONFIANCE.

> Il n'y a rien dont on n'abuse; mais le plus grand comme le plus condamnable des abus, c'est l'abus de pouvoir dans les hommes publics, et l'abus de confiance dans les particuliers.
>
> (SALLENTIN.)

Les articles 406 à 409 inclusivement, qui traitent des abus de confiance, portent en substance ce qui suit :

Art. 406. — Quiconque aura abusé des besoins, des faiblesses ou des passions d'un mineur, pour lui faire souscrire, à son préjudice, des obligations, quittances ou décharges, pour prêt d'argent ou de choses mobilières, ou d'effets de commerce, ou de tous autres effets obligatoires, sera puni d'un emprisonnement de deux mois au moins et d'une amende qui ne pourra être moindre de vingt-cinq francs.

Art. 407. — Quiconque abusant d'un blanc-seing qui lui aura été confié, aura frauduleusement écrit au-dessus une obligation ou décharge ou tout autre acte pouvant compromettre la personne ou la fortune du signataire, sera puni d'un emprisonnement d'un an au moins et de cinq ans au plus, et d'une amende de cinquante francs au moins et de trois mille francs au plus. Dans le cas où le blanc-seing ne lui aurait pas été confié, il sera poursuivi comme faussaire et puni comme tel.

Art. 408. — Quiconque aura détourné ou dissipé, des effets, deniers, marchandises, billets, quittances ou tous autres écrits contenant ou opérant obligation ou décharge, qui ne lui auraient été remis qu'à titre de louage, de dépôt, de mandat, à la charge de les rendre ou d'en faire un usage déterminé, sera puni des peines portées en l'art. 406. — Si l'abus de confiance prévu et puni par le précédent paragraphe a été commis par un domestique, homme de service à gages, élève, clerc, commis, ouvrier, compagnon ou apprenti, au préjudice de son maître, la peine sera celle de la réclusion.

Art. 409. — Quiconque après avoir produit, dans une contestation judiciaire, quelque titre, pièce ou mémoire, l'aura soustrait de quelque manière que ce soit, sera puni d'une amende de vingt-cinq à trois cents francs. Cette peine sera prononcée par le tribunal saisi de la contestation.

Un homme d'honneur ne consentira jamais, et dans aucun cas, à recourir à cette insigne lâcheté qui consiste à abuser de la confiance qu'on a eue en lui, jamais il ne cherchera non plus à exploiter, à son profit, les besoins ou les passions d'un être faible.

Claude de l'Aubespine, après avoir rempli dignement plusieurs fonctions publiques, écrivait à Etienne de Nully, premier président à la Cour des aides : « Vous sollicitez, » monsieur, la place de prévôt des marchands ; je la sol- » licite aussi. Je sais que pour obtenir la préférence, vous » avez cherché à me rendre suspect au roi. Pour vous » perdre dans l'esprit de Sa Majesté, il me suffirait de » remettre sous les yeux du prince deux lettres que vous » m'avez écrites à son sujet, quand nous étions encore » amis. Je vous les renvoie, pour n'être pas tenté d'abu-

» ser de la confiance que vous aviez alors en moi. » (*Ann. françaises*, t. IV.)

Il ne faut abuser de la confiance de personne, et la sagesse commande, pour se mettre soi-même à l'abri de semblables abus, de ne pas accorder légèrement sa confiance.

Ne découvrez point votre cœur à toutes sortes de personnes, de peur que celui à qui vous vous fiez ne soit un faux ami et qu'il ne médise ensuite de vous, dit l'Ecclésiaste (ch. VIII, v. 22).

La franchise est une noble et belle qualité, sans doute, mais l'excès de franchise est un défaut.

« Il y a, dit M. de La Rochefoucauld dans ses *Réflexions morales*, 365, il y a de bonnes qualités qui dégénèrent en défauts quand elles sont naturelles, et d'autres qui ne sont jamais parfaites quand elles sont acquises. Il faut, par exemple, que la raison nous fasse ménagers de notre bien et de notre confiance ; et il faut, au contraire, que la nature nous donne la bonté et la valeur. »

N'est-il pas vrai de dire aussi, avec Arnault, qu'une confidence prouve aussi souvent de l'indiscrétion que de la confiance ?

« Un particulier peu discret confia un secret à quelqu'un, en le priant instamment de n'en rien dire à personne. — Soyez tranquille, dit celui-ci, je serai aussi discret que vous. » (*Matin. sénonn.*)

N'oublions donc pas cette maxime du plus sage des rois :

Celui qui garde sa bouche et sa langue, garde son âme de pressantes afflictions. (*Proverbes de Salomon*, ch. XXI, v. 23.)

DIX-NEUVIEME LECTURE

VIOLATION DES RÈGLEMENTS RELATIFS AUX MANUFACTURES, AU COMMERCE ET AUX ARTS.

> Toujours la loyauté fut l'âme du commerce,
> Et sans la loyauté, malheur à qui l'exerce !
>
> (PICARD.)

Le cadre dans lequel je suis obligé de me renfermer ne me permet pas de donner à cette lecture tous les développements que son titre comporte. Toutefois, pour vous faciliter le moyen d'étudier les questions si intéressantes du travail des ouvriers dans les manufactures, je vous donnerai au moins le titre et la date des lois et des décrets qui se rattachent aux textes de notre Code pénal que je vais vous citer.

Art. 413. — Toute violation des règlements d'administration publique relatifs aux produits des manufactures françaises, qui s'exporteront à l'étranger, et qui ont pour objet de garantir la bonne qualité, les dimensions et la nature de la fabrication, sera punie d'une amende de deux cents francs au moins, de trois mille francs au plus, et de la confiscation des marchandises. Ces deux peines pourront être prononcées cumulativement ou séparément, selon les circonstances.

Art. 414. — Sera punie d'un emprisonnement de six jours à trois mois et d'une amende de seize francs à trois mille francs ; 1o toute coalition entre ceux qui font travailler des ouvriers, tendant à forcer l'abaissement des salaires, s'il y a eu tentative ou commencement d'exécution; 2° toute coalition de la part des ouvriers pour faire cesser en même temps de travailler, interdire le travail d'un atelier, empêcher de s'y rendre avant ou après certaines heures, et, en général, pour suspendre, empêcher, enchérir les travaux, s'il y a eu tentative ou commencement d'exécution. Dans les cas prévus par les deux paragraphes précédents, les chefs ou moteurs seront punis d'un emprisonnement de deux ans à cinq ans.

Art. 415. — Seront aussi punis des peines portées dans l'article précédent, et d'après les mêmes distinctions, les directeurs d'atelier ou entrepreneurs d'ouvrage et les ouvriers qui, de concert, auront prononcé des amendes autres que celles qui ont pour objet la discipline intérieure de l'atelier, des défenses, des interdictions, ou toutes proscriptions sous le nom de damnation ou sous quelque qualification que ce puisse être, soit de la part des directeurs d'atelier ou entrepreneurs contre les ouvriers, soit de la part de ceux-ci contre les directeurs d'atelier ou entrepreneurs, soit les uns contre les autres.

Si la discipline est nécessaire, indispensable, dans les rangs des armées, elle ne l'est pas moins dans les rangs nombreux des ouvriers qui peuplent les grands ateliers, les usines et les manufactures. Le moindre désordre, dans un grand établissement industriel, peut arrêter le travail de plusieurs centaines de bras, et quand le travail de l'ouvrier est suspendu, la misère, et par suite les vices qu'elle engendre, viennent bien vite envahir son foyer.

Protéger l'ouvrier contre des maîtres avides et inhumains qui seraient tentés d'abuser de ses forces et de son

travail; le protéger contre lui-même, contre les entraînements qui pourraient le pousser à commettre des actions
nuisibles à ses propres intérêts, à sa réputation, à son
honneur,

Tel a été le but des différentes lois dont vous trouverez
à la fin de cette lecture et le titre et la date.

Art. 418. — Tout directeur, commis, ouvrier de fabrique
qui aura communiqué à des étrangers ou à des français résidant
en pays étranger, des secrets de la fabrique où il est employé,
sera puni de la réclusion et d'une amende de cinq cents francs
à vingt mille francs. Si ces secrets ont été communiqués à des
français résidant en France, la peine sera d'un emprisonnement de trois mois à deux ans, et d'une amende de seize
francs à deux cents francs.

Art. 419. — Tous ceux qui, par des faits faux ou calomnieux
semés à dessein dans le public, par sur-offres faites aux prix
que demandaient les vendeurs eux-mêmes, par réunion ou
coalition entre les principaux détenteurs d'une même marchandise ou denrée, tendant à ne la pas vendre ou à ne la
vendre qu'à un certain prix, ou qui, par des voies ou moyens
frauduleux quelconques, auront opéré la hausse ou la baisse
du prix des denrées ou marchandises, ou des papiers et effets
publics au-dessus ou au-dessous des prix qu'aurait déterminés
la concurrence naturelle et libre du commerce, seront punis
d'un emprisonnement d'un mois au moins, d'un an au plus, et
d'une amende de cinq cents francs à dix mille francs. Les coupables pourront de plus être mis, par l'arrêt ou le jugement,
sous la surveillance de la haute police pendant deux ans au
moins et cinq ans au plus.

Art. 420. — La peine sera d'un emprisonnement de deux mois
au moins et de deux ans au plus, et d'une amende de mille
francs à vingt mille francs, si ces manœuvres ont été prati-

quées sur grains, grenailles, farines, substances farineuses,
pain, vin ou toute autre boisson. La mise en surveillance qui
pourra être prononcée sera de cinq ans au moins et de dix ans
au plus.

« Nos rois, dit Denisart dans sa collection de jurisprudence, ont, dans tous les temps, apporté une attention
singulière au commerce des blés. Nous avons entre autres
lois, sur cette matière, une ordonnance du 31 août 1699,
donnée dans la vue de prévenir les abus, les amas et les
monopoles qu'on peut faire sur cette espèce de grains, la
plus nécessaire à la nourriture de l'homme.

En aucun temps, ajouterai-je, le gouvernement ne s'est
plus préoccupé qu'aujourd'hui de cette grande et intéressante question des subsistances. En dehors des lois civiles
ou pénales qui protégent les transactions loyales ou qui
sévissent contre ceux-là qui se livrent à des opérations
commerciales qui n'ont pas ce caractère; en dehors des
lois internationales qui facilitent l'exportation des denrées
alimentaires; le gouvernement n'encourage-t-il pas l'agriculture en lui ouvrant de larges crédits, en la conviant
chaque année à ces concours, à ces comices, à ces expo-
sitions où les plus méritants, maîtres ou ouvriers, viennent
recevoir les récompenses dues à leurs utiles travaux?
N'a-t-il pas créé, dans le but d'être toujours utilement ren-
seigné sur l'importance des rendements annuels des récoltes, ces commissions de statistique que vous voyez fonc-
tionner dans tous les cantons de la France?

Et, par l'impulsion qu'il donne aux travaux à l'aide de
ces divers stimulants, ne provoque-t-il pas, enfin, dans
l'innombrable et si méritante armée des producteurs et

des travailleurs agricoles, une louable émulation, source d'agrandissement pour la fortune publique et de prospérité pour les intérêts particuliers ?

Mais poursuivons nos citations :

Art. 423. — Quiconque aura trompé l'acheteur sur le titre des matières d'or et d'argent, sur la qualité d'une pierre fausse vendue pour fine, sur la nature de toutes marchandises ; quiconque, par usage de faux poids ou de fausses mesures, aura trompé sur la quantité des choses vendues, sera puni de l'emprisonnement pendant trois mois au moins, un an au plus, et d'une amende qui ne pourra excéder le quart des restitutions et dommages-intérêts, ni être au-dessous de cinquante francs. Les objets du délit, ou leur valeur s'ils appartiennent encore au vendeur, seront confisqués, les faux poids et les fausses mesures seront aussi confisqués, et de plus seront brisés.

Je vous citerai encore les art. 445, 446 et 447, relatifs à la contrefaçon et à la vente des éditions d'écrits, de composition musicale, de dessin, de peinture ou autres productions imprimées ou gravées.

Je pardonne au trompé mais jamais au trompeur, dit Laya dans l'*Ami des lois*.

L'un de nos plus charmants moralistes qui, lui aussi, ne pardonne jamais au trompeur, écrivait ceci :

« *Aux fabricants, négociants et marchands.*

» Demandez avec insistance à l'autorité une ordonnance qui empêche de fabriquer et de vendre autrement qu'au poids net, sans tolérance abusive. — Il n'y aura plus de concurrence et de rabais possibles qu'au moyen des progrès de la fabrication, de l'abaissement par l'ordre, l'industrie et le talent du prix de revient. — Demandez les répressions les plus sévères pour les délinquants, vous sauverez à la fois votre réputation commerciale et votre fortune.

» *Aux consommateurs.*

» Vous me rappelez cet homme qui, dans le roman de Cervantès, traîne son tailleur devant Sancho, gouverneur de l'île de Barataria. — Il a donné à son tailleur un morceau de drap pour lui faire un capuchon.

— Avez-vous, lui dit-il, de quoi faire un capuchon ?

— Oui, répond le tailleur.

— Il veut me voler mon drap, dit en lui-même le chaland. Dites-moi, et n'y aurait-il pas moyen d'en faire deux ?

— J'en ferai deux si vous le voulez bien, répond le tailleur.

— Et en ménageant bien le drap, en ne faisant pas de fausse coupe, serait-il impossible d'en faire trois ?

— J'en ferai trois.

— Oh ! alors, je vois que vous êtes un habile homme, et que si vous le vouliez bien vous m'en feriez quatre.

— Va pour quatre.

— Ecoutez, je ne veux pas en exiger cinq ; mais j'ai comme une idée qu'avec du talent et de la probité…

— Vous en aurez cinq.

Le chaland raconte l'histoire à Sancho.

— Eh bien, dit l'écuyer du grand don Quichotte, de quoi vous plaignez-vous ?

— Vous a-t-il fait cinq capuchons ?

— Oui, monseigneur.

— Eh bien ?

— Dites-lui de vous les faire voir.

— Volontiers, dit le tailleur, et il tire de dessous son manteau sa main ouverte et portant un petit capuchon au bout de chaque doigt.

— Eh bien, dit le gouverneur, voilà, en effet, cinq capuchons.

— Mais, monseigneur, ils sont trop petits.

— Monseigneur, dit le tailleur, cet homme donne du drap pour faire un capuchon de grandeur ordinaire, et il exige que je lui en fasse cinq ; j'ai dû diviser son drap en cinq parts ; que l'on fasse venir des experts, on retrouvera dans les cinq capuchons que voici tout le drap qu'il m'a donné ; s'il en manque un morceau à cacher dans l'œil, je veux que l'on me donne la bastonnade.

— Mon ami, dit Sancho au bourgeois, vous n'avez que ce que vous méritez ; prenez vos cinq capuchons et payez le tailleur.

C'est votre histoire sous un autre nom.

Vous voulez du bon marché ? — Rien de plus juste ; le marchand commence par s'efforcer de produire à moins de frais, — il abaisse ses prix.

Vous voulez encore du bon marché ? Il paie moins ses ouvriers qui en pâtissent, et il abaisse encore ses prix.

Ce n'est pas assez pour vous ; vous manifestez de nouvelles exigences ? On diminue encore les prix, mais on diminue aussi la qualité.

Cela ne vous satisfait que pendant quelque temps, vous

réclamez? On vous vend alors des livres capricieuses de 14, 13, 12, 11 et 10 onces.

Vous vous laissez prendre à tous les appeaux, vous mordez à tous les hameçons, vous donnez dans tous les trébuchets, sans contrôle, sans examen, — et, au demeurant, ce sont les fraudeurs qui font avec vous les meilleures affaires. Quand au lieu de sucre on vous donne du sable, de la terre au lieu de café, de l'eau au lieu de lait, vous êtes contents, pourvu que cela se vende au rabais.— Vous portez bêtement votre argent chez ceux qui vous trompent le plus indignement. Prenez vos cinq capuchons et payez le tailleur. (Alphonse Karr, *Bourdonnements*, 25 décembre 1853.)

Tout acheteur a le droit de s'assurer si les poids et mesures dont se sert le vendeur sont conformes à la loi, et pour y arriver il n'a qu'à reconnaître les marques qui en constatent la légalité, savoir : lorsqu'ils sont neufs, la marque du fabricant, le poinçon primitif qui consiste en *deux mains*, et le numéro d'ordre du bureau où ils ont été présentés à la vérification ; et lorsqu'ils ont été soumis à la vérification périodique, la lettre annuelle qui est toujours l'une des vingt-cinq de l'alphabet. La lettre de 1830 est H ; de sorte qu'il sera toujours facile de déterminer, au moyen du simple calcul, la lettre de l'année dans laquelle on se trouvera, cette lettre étant remplacée chaque année par celle qui la suit immédiatement dans l'ordre abécédaire.

Un autre droit que l'acheteur ne doit pas négliger de faire valoir à l'occasion, c'est celui qu'il a de se faire servir avec la mesure effective représentant la contenance réelle de la marchandise à mesurer. Exemple : Dix litres de blé doivent se mesurer avec un décalitre, et non avec un litre rempli dix fois ; cinq kilogrammes de pain doivent se peser avec le poids unique représentant cinq kilogrammes, et non avec cinq poids d'un kilogramme ; un litre de vin doit être mesuré avec un litre, et non avec deux demi-litres ; dix stères de bois doivent se mesurer avec une membrure du décastère, et non avec le stère répété dix fois, parce qu'il est mathématiquement démontré que, si un marchand avait à livrer, par exemple, un décalitre de pois, et qu'il n'eût en sa possession qu'un seul litre pour mesurer, comme il serait obligé de le remplir successivement dix fois, ces quantités seraient moindres qu'un décalitre mesuré d'un seul coup, le déficit serait de quatre cinquièmes de litres ! — Et cette différence déjà énorme s'accroîtrait encore en raison du volume et de la forme des corps mesurés. L'acheteur serait donc frustré de l'avantage qu'il devrait trouver à acheter un décalitre plutôt que dix fois un litre ; en réalité, la quantité demandée ne serait pas livrée, et le résultat serait le même que si le vendeur s'était servi d'un décalitre faux ou d'une mesure dont l'emploi est interdit par la loi. Que le consommateur sache donc bien qu'il a droit à bon poids et à bonne mesure : ainsi le veut le législateur.

Je ne puis terminer cette lecture sans vous citer au moins, comme s'y rattachant très-étroitement, la loi tendant à la répression plus efficace de certaines fraudes dans la vente des marchandises, qui porte la date des 10, 19 et 27 mars 1851. Elle est enregistrée au *Bulletin des lois* sous le n° 2842, 10ᵉ série. Je vous engage à y recourir.

Voir aussi les lois et décrets ci-après :

Loi du 22 germinal an XI, relative aux manufactures, fabriques et ateliers. (*Bulletin des lois*, n° 2667, 3ᵉ série.)

9 frimaire an XII, relatif aux livrets des ouvriers (n° 3378, 3ᵉ série), modifié par la loi des 23 avril, 8 et 14 mai 1851, (2939, 10ᵉ série.)

22 mars 1841 (n° 9203, 9ᵉ série), loi relative au travail des enfants employés dans les manufactures, usines ou ateliers.

22 janvier, 3 et 22 février 1851 (n° 2765, 10ᵉ série), loi relative au contrat d'apprentissage.

9 septembre 1848 (n° 676, 10ᵉ série), décret relatif aux heures de travail dans les manufactures et usines.

VINGTIEME LECTURE

INCENDIES,

> Hier, épouvanté je vis à l'horizon,
> Où riait un hameau, fumer un noir tison.
>
> (Hégésippe Moreau.)

La nuit est sombre, tout le monde dort au village, un homme s'approche à pas furtifs d'un hangar extérieur, adossé aux grands bâtiments de la ferme; il s'arrête là le jarret tendu, l'oreille au guet, il cherche à percer du regard les ténèbres qui l'entourent pour s'assurer qu'il est seul, bien seul, que personne ne le verra commettre le crime qu'il médite; il se décide enfin, un éclair vient de briller accompagné d'un petit bruit sec, c'est une allumette qui s'enflamme... non, le vent vient de l'éteindre... il tremble, le misérable, n'a-t-il pas été vu? Il croit avoir entendu du bruit, il fait quelques pas en tournant la tête et en continuant à sonder l'obscurité du regard... Il hésite un instant, mais non, son mauvais ange l'emporte, que peut-il craindre? il est seul, oui seul avec Dieu qui le voit! Sa conscience un instant émue lui a bien révélé ce témoin invisible, mais il a fait taire sa conscience, il est revenu sur ses pas, une seconde étincelle a brillé dans la nuit, elle est suivie cette fois du pétillement de la paille qui s'enflamme, il fuit, il fuit alors, il fuit rapidement, moins rapidement toutefois qu'il le voudrait encore, car ses jambes tremblent sous lui, son cœur bat à lui rompre la poitrine... c'est le remords sans doute? Non c'est la peur, le lâche! Il craint d'être découvert; la flamme s'élève en gerbes et éclaire la campagne. La ferme est isolée; le vent souffle avec force; le feu gagne les granges; les secours arriveront trop tard pour arrêter le fléau dans sa marche rapide; bâtiments, récoltes, bestiaux, tout sera dévoré, anéanti, et qui sait si les gens qui dorment là, du lourd sommeil des travailleurs, pourront être sauvés?

Il est jeune, grand et fort, mais il est paresseux, il a demandé de l'argent à emprunter à l'homme qui se lève chaque jour au chant du coq pour tracer le sillon et semer le blé, et celui-ci lui a dit : Fais comme moi, travaille, viens à ma ferme, il y a de l'ouvrage pour tous les bras valides, je donnerai au travail ce que je ne puis pas prêter à la paresse; mais il a préféré ne rien faire, et pour se venger du refus de l'homme du travail, il a mis le feu à sa propriété.

Cela vous paraît monstrueux, n'est-ce pas? Cela est vrai, cependant; demandez aux magistrats qui président nos cours d'assises, demandez aux avocats de la vindicte publique, demandez à ceux qui vont porter aux accusés le secours de leur parole, et tous vous diront que ce crime d'incendie, si facile à commettre et malheureusement si difficile à prouver, est provoqué le plus souvent par des causes semblables à celle que je vous signale.

Quand ce n'est pas un mendiant, un vagabond à qui l'on a refusé l'argent de l'aumône en lui offrant le pain du travail, c'est un domestique infidèle ou paresseux, renvoyé par le maître, ou bien c'est quelquefois un pauvre insensé qui a la monomanie de ce crime, comme on en a arrêté un il y a peu de temps encore dans mon département.

Trouvé près du théâtre d'un incendie, un pauvre idiot bien connu dans l'arrondissement de Melun, fut arrêté il y a un an ; dans l'interrogatoire qu'on lui fit subir, ce malheureux a raconté les détails de plus de vingt incendies allumés par lui en l'espace de quelques années, et comme on lui demandait quels motifs l'avaient poussé à commettre ces crimes, l'idiot répondit, en riant de son rire stupide, que ça lui réjouissait le cœur de voir une si belle clarté.

Si les incendies sont fréquents, disons cependant que sur dix dont les causes sont inconnues, on peut largement en attribuer sept ou huit à des causes accidentelles ou à l'imprudence.

Si l'on pouvait interdire ou tout au moins restreindre l'usage de cette dangereuse allumette chimique qui se trouve malheureusement à la portée de toutes les mains et de toutes les bourses, et pour cela il suffirait d'un impôt sur ce trop inflammable produit chimique, on verrait le nombre des incendies décroître dans de notables proportions.

Une statistique établit que les incendies accidentels n'étaient, en moyenne, avant 1838, que de 2,200, mais depuis cette époque où l'usage des allumettes chimiques a commencé, les incendies ont toujours progressé ; on en comptait en 1844 déjà 4,400 et en 1857, près de 10,000. Ces chiffres en disent assez ; une allumette perdue au moment des récoltes par un garçon de ferme, entraîne des incendies aussi terribles qu'imprévus. (*Journal de Provins*, n. du 22 juin 1860.)

Je reviens aux incendies causés par la malveillance. Si les auteurs de ce plus lâche des crimes échappent quelquefois à la vengeance des lois humaines, ils sont cependant un peu plus tôt un peu plus tard atteints par la vengeance de Dieu. Souvent aussi la Providence vient susciter des témoins et des preuves qui accablent les coupables ; on pourrait en citer bien des exemples, il suffira d'un seul.

Il y a quelques années, un habitant de mon canton qui possédait dans la commune de la C..., une petite maison et un modeste mobilier, avait fait assurer le tout pour une somme supérieure à la valeur réelle. A quelque temps de là le feu prit à la maison, qui fut brûlée, pas assez complétement cependant, pour qu'il ne me fût pas possible de constater que le linge et la plus grande partie du mobilier, dont on ne voyait d'autre vestige qu'une vieille armoire, une paillasse et un mauvais bois de lit aux trois quarts consumés, avaient dû être soustraits de la maison avant le sinistre.

L'incendié qui était aussi l'incendiaire avait bien pris toutes ses précautions cependant ; il le croyait du moins.

Après avoir enlevé de sa maison lentement, prudemment, son mobilier pendant plusieurs nuits, il avait rassemblé dans le milieu de sa chambre quelques bottes de paille et un tas de bourrées bien sèches, puis il avait annoncé dans son voisinage qu'il partait à Paris pour affaires. On l'avait vu partir en effet un beau jour à pied comme il avait coutume de le faire. (Cet intrépide marcheur faisait quelquefois le trajet de son village à Paris et il franchissait ainsi à pied en un jour près de vingt lieues de distance.) Le lendemain notre homme était à Paris et cependant il était revenu à la C...; pendant la nuit, il avait allumé le bûcher préparé, et s'était remis en route après avoir bien fermé porte et volets; et comme il n'avait rien confié à personne, qu'il connaissait seul l'endroit où son mobilier était caché, il s'en était allé confiant, dans l'espoir de se faire payer par la compagnie d'assurance le prix exagéré de sa maison, et du mobilier qu'il devait plus tard retrouver.

Mais le crime fut découvert par suite de l'excès de précaution pris par le coupable. B... n'avait pas calculé qu'en fermant hermétiquement sa demeure, le défaut d'air retarderait les progrès du feu. Or, une pauvre femme de son voisinage, qui veillait près de son enfant malade, ayant aperçu une lueur extraordinaire dans la maison de B..., par la jointure des volets, s'empressa de donner l'alarme, et les pompiers de la commune accourus, avec leur zèle accoutumé, eurent bien vite raison de cet incendie. Après de longues investigations, on parvint à savoir que B... avait été vu travaillant la nuit dans son jardin, ce fut un trait de lumière pour l'instruction. Le mobilier que l'on avait vainement recherché partout pouvait être enfoui là; il l'était en effet, sous des planches de légumes; le linge, la vaisselle, les habits et jusqu'à de gros meubles qui garnissaient ci-devant la maison incendiée furent découverts. B..., traduit devant les assises de Seine-et-Marne, fut contraint d'avouer son crime et condamné par suite à dix années de travaux forcés.

La peine aurait pu être plus sévère encore, vous allez en juger.

Art. 434. — Quiconque aura volontairement mis le feu à des édifices, navires, bateaux, magasins, chantiers, quand ils sont habités ou servent à l'habitation et généralement aux lieux habités ou servant à l'habitation, qu'ils appartiennent ou n'appartiennent pas à l'auteur du crime, sera puni de mort.

Sera puni de la même peine, quiconque aura volontairement mis le feu à tout édifice servant à des réunions de citoyens.

Quiconque aura volontairement mis le feu à des édifices, navires, bateaux, magasins, chantiers, lorsqu'ils ne sont ni habités ni servant à habitation, ou à des forêts, bois taillis ou récoltes sur pied, lorsque ces objets ne lui appartiennent pas, sera puni de la peine des travaux forcés à perpétuité.

Celui qui, en mettant le feu à l'un des objets énumérés dans le paragraphe précédent, et à lui-même appartenant, aura volontairement causé un préjudice quelconque à autrui, sera puni des travaux forcés à temps.

Quiconque aura volontairement mis le feu à des bois ou récoltes abattus, soit que les bois soient en tas ou en cordes, et les récoltes en tas ou en meules, si ces objets ne lui appartiennent pas, sera puni des travaux forcés à temps.

Celui qui, en mettant le feu à l'un des objets énumérés dans le précédent paragraphe, et à lui-même appartenant, aura volontairement causé un préjudice quelconque à autrui, sera puni de la réclusion.

Celui qui aura communiqué l'incendie à l'un des objets énumérés dans les précédents paragraphes, en mettant volontairement le feu à des objets quelconques, appartenant soit à lui, soit à autrui, et placés de manière à communiquer ledit incendie, sera puni de la même peine que s'il avait directement mis le feu à l'un desdits objets.

Dans tous les cas, si l'incendie a occasionné la mort d'une ou de plusieurs personnes se trouvant dans les lieux incendiés au moment où il a éclaté, la peine sera la mort.

VINGT ET UNIEME LECTURE

DESTRUCTIONS, DÉGRADATIONS, DOMMAGES.

> Comment se sont anéantis tant de tra-
> vaux !... Ainsi donc périssent les ouvra-
> ges des hommes !
>
> (VOLNEY, *les Ruines.*)

Lorsque nous constatons qu'une propriété ou un objet quelconque ont été détruits ou endommagés volontairement, et que nous ne pouvons pas découvrir l'auteur de la destruction, de la dégradation ou du dommage, nous supposons tout naturellement que cet acte stupide a été commis, soit par un misérable malfaiteur, dans un esprit de vengeance, soit par un être privé de raison, soit enfin par un enfant qui n'avait pas conscience de ce qu'il faisait.

Car il faut être bien méchant ou bien dépourvu de raison pour détruire ou endommager une chose qui ne nous appartient pas.

Combien de fois, en voyant une borne cassée sur une route, un banc renversé sur une promenade publique, un reverbère brisé au carrefour d'une ville, un arbre coupé ou mutilé dans les champs, n'ai-je pas entendu dire :

Ce sont les enfants qui ont fait cela !... Pauvres enfants !
que souvent l'on vous accuse, dans le doute, de faits dont
vous êtes innocents ! L'enfant, je le reconnais, déchire.
ses livres, casse ses jouets, brise sa montre, s'il en a une,
fait en général bon marché de ce qui lui appartient, c'est
vrai, l'enfant n'est pas conservateur... Mais il sait respecter ce qui n'est pas à lui, car il a de bonne heure l'instinct
de la propriété très-développé, et s'il lui arrive d'abîmer
une chose qui ne lui appartient pas, c'est presque toujours par accident ou par imprévoyance dans la fougue
du jeu. Quant à ceux, qui dans une intention mauvaise,
s'amusent à briser et à détruire ce qui ne leur appartient
pas, ils sont très-certainement en petit nombre ; à ceux-là,
je citerai, tout au long, à titre d'avertissement, les articles
437 à 440, 448-450, 451 et 456 de notre loi pénale.

Art. 437. — Quiconque aura volontairement détruit ou renversé, par quelque moyen que ce soit, en tout ou en partie, des
édifices, des ponts, digues, chaussées ou autres constructions
qu'il savait appartenir à autrui, sera puni de la réclusion et
d'une amende qui ne pourra excéder le quart des restitutions et
indemnités, ni être au-dessus de cent francs.

Art. 438. — Quiconque, par des voies de fait, se sera opposé
à la confection de travaux autorisés par le gouvernement,
sera puni d'un emprisonnement de trois mois à deux ans, et
d'une amende qui ne pourra excéder le quart des dommages-
intérêts ni être au-dessous de seize francs. Les moteurs subiront
le maximum de la peine.

Art. 439. — Quiconque aura volontairement brûlé ou détruit, d'une manière quelconque, des registres, minutes, ou
actes originaux de l'autorité publique, des titres, billets, lettres

de change, effets de commerce ou de banque, contenant ou opérant obligation, disposition ou décharge, sera puni ainsi qu'il suit : Si les pièces détruites sont des actes de l'autorité publique ou des effets de commerce ou de banque, la peine sera la réclusion ; s'il s'agit de toute autre pièce, le coupable sera puni d'un emprisonnement de deux à cinq ans, et d'une amende de cent francs à trois cents francs.

Art. 440. — Tout pillage, tout dégât de denrées ou marchandises, effets, propriétés mobilières, commis en réunion ou bande et à force ouverte, sera puni des travaux forcés à temps ; chacun des coupables sera de plus condamné à une amende de deux cents francs à cinq mille francs.

Art. 442. — Si les denrées pillées ou détruites sont des grains, grenailles ou farines, substances farineuses, pain, vin ou autre boisson, la peine que subiront les chefs instigateurs ou provocateurs seulement, sera le maximum des travaux forcés à temps et celui de l'amende prononcée par l'article 440.

Art. 443. — Quiconque, à l'aide d'une liqueur corrosive ou par tout autre moyen, aura volontairement gâté des marchandises ou matières servant à la fabrication, sera puni d'un emprisonnement d'un mois à deux ans, et d'une amende qui ne pourra excéder le quart des dommages-intérêts, ni être moindre de seize francs. Si le délit a été commis par un ouvrier de la fabrique ou par un commis de la maison de commerce, l'emprisonnement sera de deux à cinq ans, sans préjudice de l'amende, ainsi qu'il vient d'être dit.

Art. 444. — Quiconque aura dévasté des récoltes sur pied ou des plants venus naturellement ou faits de main d'homme, sera puni d'un emprisonnement de deux ans ou moins, et de cinq ans au plus. Les coupables pourront de plus être mis, par l'arrêt ou le jugement, sous la surveillance de la haute police pendant cinq ans au moins et dix ans au plus.

Art. 445. — Quiconque aura abattu un ou plusieurs arbres qu'il savait appartenir à autrui, sera puni d'un emprisonnement qui ne sera pas au-dessous de six jours ni au-dessus de six mois, à raison de chaque arbre, sans que la totalité puisse excéder cinq ans.

Art. 446. — Les peines seront les mêmes à raison de chaque arbre mutilé, coupé ou écorcé de manière à le faire périr.

Art. 447. — S'il y a eu destruction d'une ou de plusieurs greffes, l'emprisonnement sera de six jours à deux mois, à raison de chaque greffe, sans que la totalité puisse excéder deux ans.

Art. 448. — Le minimum de la peine sera de vingt jours dans les cas prévus par les art. 445 et 446, et de dix jours dans le cas prévu par l'art. 447, si les arbres étaient plantés sur les places, routes, chemins, rues ou voies publiques, ou vicinales ou de traverses.

Art. 449. — Quiconque aura coupé des grains ou des fourrages qu'il savait appartenir à autrui, sera puni d'un emprisonnement qui ne sera pas au-dessous de six jours ni au-dessus de deux mois.

Art. 450. — L'emprisonnement sera de vingt jours au moins et de quatre mois au plus, s'il a été coupé du grain en vert. Dans les cas prévus par le présent article et les six précédents, si le fait a été commis en haine d'un fonctionnaire public et à raison de ses fonctions, le coupable sera puni du maximum de la peine établie par l'article auquel le cas se référera. Il en sera de même, quoique cette circonstance n'existe point, si le fait a été commis pendant la nuit.

Art. 451. — Toute rupture, toute destruction d'instruments d'agriculture, de parcs de bestiaux, de cabanes de gardiens, sera punie d'un emprisonnement d'un mois au moins et d'un an au plus.

Art. 452. — Quiconque aura, en tout ou en partie, comblé des fossés, détruit des clôtures, de quelques matériaux qu'elles soient faites, coupé ou arraché des haies vives ou sèches; quiconque aura déplacé ou supprimé des bornes en pieds corniers ou autres arbres plantés ou reconnus pour établir des limites entre différents héritages, sera puni d'un emprisonnement qui ne pourra être au-dessous d'un mois, ni excéder une année, et d'une amende égale au quart des restitutions et des dommages-intérêts, qui, dans aucun cas, ne pourra être au-dessous de cinquante francs.

Vous remarquerez en rapprochant l'art. 442 de l'art. 420, cité dans la précédente lecture, que les peines édictées par les lois sont toujours plus sévères quand la destruction ou le dommage ont eu pour objet les grains, le pain, le vin et en général les denrées alimentaires de première nécessité.

Les lois, partout et toujours, ont dû protéger d'une manière particulière les productions de la terre qui servent le plus spécialement à la nourriture de l'homme; au milieu même des cruelles nécessités que commande la guerre, les chefs qui conservent les sentiments de l'humanité, savent veiller à ce que leurs troupes ne commettent pas des dégâts inutiles, en prenant des mesures pour faire respecter les récoltes, dont les opérations militaires qu'ils ont à diriger, n'exigent pas la destruction.

Voici ce que dit à ce sujet la loi de Moïse :

Lorsque vous mettrez le siége devant une ville, et que le siége durera longtemps, vous élèverez tout autour des forts et des remparts, afin de la prendre ; vous n'abattrez point les arbres qui portent du fruit dont on peut manger, et vous ne renverserez point à coups de cognée tous les arbres du pays d'alentour, parce que ce n'est que du bois, et non pas des hommes qui puissent accroître le nombre de vos ennemis.

Que si ce ne sont point des arbres fruitiers, mais des arbres sauvages qui servent aux autres usages de la vie, vous les abattrez pour faire des machines, jusqu'à ce que vous ayez pris la ville qui se défend contre vous. (*Deutéronomie*, xx, 19 et 20.)

Animé des mêmes sentiments que le grand législateur de la Bible, le général Montécuculli, au service de l'Autriche, avait dans une marche défendu sous peine de mort que personne passât par les blés. Un soldat revenant d'un village, et ignorant la défense, traversa un sentier qui était au milieu des blés. Montécuculli qui l'aperçut, envoya ordre au prévôt de l'armée de le faire pendre. Cependant le soldat qui s'avançait, allégua au général qu'il n'avait pas su la défense. Que le prévôt fasse son devoir, répondit Montécuculli. (*Dict. des hom. illustres.*)

Pour ce qui est de cet acte méchant et stupide qui consiste à couper ou mutiler des arbres (art. 445 et 446), je puis vous prouver par un fait, qu'en dépit de toutes les précautions dont ne manquent pas de s'entourer les lâches auteurs de ces attentats contre la propriété, il suffit quelquefois du plus léger incident pour les faire découvrir. En voici un exemple :

Il y a quinze ou vingt ans une certaine quantité de jeunes arbres, décorant une propriété dans les environs de Montereau, avaient été trouvés un matin coupés, mutilés d'une façon déplorable. La justice fit des enquêtes et se livra à des investigations qui furent d'abord sans résultat. Le coupable n'était pas connu, il n'avait été vu de personne. On tenait essentiellement à le découvrir cependant, on y tenait d'autant plus que déjà des faits semblables à celui qui venait d'être constaté, avaient eu lieu dans l'arrondissement. Confiant dans l'extrême sagacité du magistrat qui remplissait alors les fonctions de juge de paix à Montereau, le juge chargé de l'instruction ayant requis son assistance, se transporta de nouveau sur la propriété ravagée. Après s'être livré là à un examen sérieux, le juge de paix ayant remarqué, ce qui avait échappé à tous les yeux, que toutes les entailles faites aux arbres avaient conservé la trace de deux brèches ou dents, qui devaient se trouver au tranchant du fer qui avait servi à commettre l'action, fit scier quelques uns de ces arbres, de façon à pouvoir emporter avec lui les parties qui avaient été frappées par le fer ébréché, puis, avec cette connaissance parfaite des hommes et des localités que possèdent seuls les magistrats qui vivent depuis longtemps au milieu du canton, où ils sont appelés à rendre la justice, l'habile juge de paix fit diriger des perquisitions qui eurent pour résultat immédiat de mettre sous la main de la justice une serpe ébréchée, qui, rapprochée des entailles faites aux arbres mutilés, fut reconnue pour être celle qui avait servi à commettre le délit. Convaincu par ce fait, le propriétaire de la serpe, qui avait d'ailleurs d'assez mauvais antécédents, fut amené à faire des aveux, qui entraînèrent par suite contre lui une juste et sévère condamnation.

Un fait semblable s'est produit pendant que j'étais juge d'instruction, dit l'honorable président du tribunal de Provins, dans l'une des notes qu'il a bien voulu joindre à mon manuscrit :

Une ligne d'arbres avait été mutilée dans la commune de Villeneuve-les-Bordes. Le garde champêtre avait verbalisé, l'auteur était resté inconnu. C'était en temps de neige, j'avais appris qu'une seule trace de pas avait existé sur la neige, entre les arbres; une seule personne avait donc passé, et cependant le garde avait constaté le délit. Il aurait dû exister au moins deux traces. Je le fis venir, je lui fis donner les détails de ses recherches et constatations, puis je lui dis : Vous n'avez pas pu découvrir l'auteur de la mutilation, et moi je le connais. Cet homme eut comme une émotion. J'ajoutai : C'est vous, et je vous arrête. L'instruction fut suivie contre lui, il fut convaincu et condamné.

Avant de terminer cette lecture, je vous signalerai en passant l'art. 252, qui édicte la peine de six mois à deux ans d'emprisonnement contre les personnes coupables de bris de scellés; (Voir au *Vocabulaire* le mot : scellés.)

L'art. 253 qui porte que tout vol commis à l'aide de bris de scellés, sera puni comme vol commis à l'aide d'effraction ;

L'art. 257 qui prononce la peine d'un mois à deux ans d'emprisonnement et de cent francs à cinq cents francs d'amende contre ceux qui auront détruit, abattu, mutilé ou dégradé des monuments, statues et objets destinés à l'utilité ou à la décoration publique et élevés par l'autorité publique ou avec son autorisation.

VINGT-DEUXIÈME LECTURE

LOIS CONCERNANT LES ANIMAUX.

> La première vérité qui sort de l'examen sérieux
> de la nature, est une vérité humiliante pour
> l'homme; c'est qu'il doit se ranger lui-même dans
> la classe des animaux auxquels il ressemble par
> tout ce qu'il a de matériel, et même leur instinct
> lui paraîtra peut-être plus sûr que sa raison, et
> leur industrie plus admirable que ses arts.
>
> (Buffon.)

Les lois nombreuses qui concernent les animaux peuvent être divisées en trois classes.

Il y a : 1° celles qui ont pour objet de les protéger et de veiller à leur conservation en tant qu'ils sont considérés comme propriété de l'homme.

2° Celles qui se proposent de protéger l'homme contre les accidents que les animaux vivants ou morts peuvent occasionner.

3° Celles qui ont pour but de protéger les animaux eux-mêmes contre la méchanceté, la brutalité ou l'imprudence de l'homme.

Je rangerai dans la première classe :

1° Un arrêt de règlement du parlement de Paris, concernant la contagion des bestiaux, du 24 mars 1745.

2° Un arrêt du conseil d'Etat prescrivant les précautions à prendre contre la maladie épidémique des bestiaux, du 19 juillet 1746.

3° Un arrêt du conseil, contenant des mesures contre les maladies épizootiques, du 30 janvier 1775.

4° Un arrêt du conseil, concernant les maladies des animaux et spécialement la morve, du 16 juillet 1784.

5° Un arrêté du Directoire exécutif, qui ordonne l'exécution des mesures destinées à prévenir la contagion des maladies épizootiques, du 27 messidor an III. (*Bulletin des lois*, 2me série, n° 1294.)

6° Une ordonnance contenant des mesures pour prévenir la contagion des maladies épizootiques, du 27 janvier 1815. (5me série, n° 670.)

7° La loi rurale des 28 septembre et 6 octobre 1791, titre II, article 23.

8° La loi concernant les vices rédhibitoires dans les ventes et échanges des animaux domestiques, du 20 mai 1838. (9e série, n° 7384.)

9° La loi sur la chasse, du 3 mai 1844.

10° Et les articles 454, 459, 460 et 461, du code pénal dont la teneur suit :

Art. 454. — Quiconque aura, sans nécessité, tué un animal domestique dans un lieu dont celui à qui cet animal appartient est propriétaire, locataire, colon ou fermier, sera puni d'un emprisonnement de six jours au moins et de six mois au plus.

S'il y a eu violation de clôture, le maximum de la peine sera prononcé.

Art. 459. — Tout détenteur ou gardien d'animaux ou de bestiaux soupçonnés d'être infectés de maladie contagieuse, qui n'aura pas averti sur-le-champ le maire de la commune où ils se trouvent, et qui, même avant que le maire ait répondu à l'avertissement, ne les aura pas tenus renfermés, sera puni d'un emprisonnement de six jours à deux mois, et d'une amende de seize francs à deux cents francs.

Ar. 460. — Seront également punis d'un emprisonnement de deux mois à six mois, et d'une amende de cent francs à cinq cents francs, ceux qui, au mépris des défenses de l'administration, auront laissé leurs animaux ou bestiaux infectés communiquer avec d'autres.

Art. 461. — Si, de la communication mentionnée au précédent article, il est résulté une contagion parmi les autres animaux, ceux qui auront contrevenu aux défenses de l'autorité administrative seront punis d'un emprisonnement de deux ans à cinq ans, et d'une amende de cent francs à mille francs; le tout sans préjudice de l'exécution des lois et règlements relatifs aux maladies épizootiques, et de l'application des peines y portées.

Et l'art. 479 du même code, nos 2 et 3 (reproduit dans la 22me lecture).

Les lois que je viens de citer ont toutes évidemment pour but de veiller à la conservation de l'une de nos plus grandes richesses agricoles.

Nous savons tous qu'il suffit de l'introduction d'une bête atteinte d'un mal contagieux, dans une étable ou dans une bergerie, pour perdre tout un troupeau. Or, un troupeau de 40 à 50 vaches, un troupeau de 1,000, de 1,500 moutons et brebis, comme il en existe dans les fermes des pays de grande culture, constituent à eux seuls toute une fortune et une fortune d'autant plus précieuse, qu'elle concourt tout à la fois et de la manière la plus active :

A la fécondité du sol qu'elle engraisse par ses fumiers ;

Aux travaux de l'industrie qu'elle enrichit de ses cuirs et de ses toisons;

Et à l'approvisionnement de l'alimentation de l'homme auquel elle apporte d'abord son lait, sous les différentes formes qu'on lui fait subir dans les laiteries et les fromageries, puis en dernier lieu sa chair.

Deuxième classe.

Lois ayant pour objet de protéger l'homme contre les accidents que les animaux vivants ou morts peuvent occasionner.

Je rangerai dans cette classe :

1° Un arrêt du conseil, concernant les animaux morts naturellement, du 10 avril 1714.

2° Les articles 12, 13, 18, 22 et 26, titre II de la loi rurale des 28 septembre et 6 octobre 1791.

3° Les articles 471 n° 14, 475 n°s 4, 7 et 10, et 470 n° 10 du code pénal. (Voir ces articles à la 23e lecture.)

4° Les articles 147 à 199 du code forestier.

5° L'article 1375 du code Napoléon.

6° Enfin la loi du 2 mai 1855, relative à une taxe municipale sur les chiens et le décret portant règlement d'administration publique pour l'exécution de cette loi, du 4 août 1855.

Le possesseur d'un animal quelconque doit veiller, sous sa responsabilité personnelle, à ce que cet animal ne cause aucun accident ou dommage.

Si le conducteur de voiture dirige mal ses chevaux, s'il leur fait prendre une allure trop vive dans les rues d'une ville, il sera souvent cause de graves accidents.

Si le berger laisse son troupeau à l'abandon, les moutons s'écarteront dans les récoltes qui se trouveront à leur portée, et causeront des dommages plus ou moins importants.

En ce qui concerne les animaux morts, sans parler de l'insurmontable dégoût que l'on éprouve à la vue de ces corps en putréfaction que l'on rencontre encore trop souvent au milieu des champs, des motifs plus sérieux encore devraient bien décider enfin les habitants de nos campagnes à ne laisser jamais au dehors, sans les enfouir profondément dans la terre, ces trop dangereux dépôts.

Toute matière animale en décomposition déposée sur la peau dépourvue de son épiderme, est susceptible de donner naissance à la pustule maligne.

La fièvre charbonneuse, le sang de rate et la pustule maligne, sont une seule et même maladie transmissible par voie d'infection et surtout par inoculation des animaux malades aux animaux sains, et transmissible également à l'espèce humaine. Il n'est pas rare de voir dans une même exploitation agricole, les chevaux atteints de la fièvre charbonneuse, les vaches et les moutons du sang de rate. C'est dans ces tristes circonstances que la pustule maligne attaque fréquemment les personnes qui approchent des bestiaux et surtout celles qui les soignent.

Les causes les plus ordinaires de la pustule maligne sont les piqûres d'insectes qui viennent de se repaître de matière animale en décomposition ; ces accidents sont très-fréquents dans le voisinage des ateliers d'équarissage, des magasins de peaux, des fonderies de suif, des échaudoirs, et près des endroits où l'on dépose les animaux morts.

Le sang de rate est une maladie si commune dans la race ovine de nos fermes, que l'on peut dire sans exagération que plus de la moitié des peaux qui se trouvent dans les magasins de notre ville (Nangis), provient de moutons morts de cette maladie ; il est facile de le reconnaître à l'inspection des peaux qui prennent dans ce cas une teinte d'un rouge violet (1).

L'article 1ᵉʳ de l'ordonnance du 9 février 1825, relative à la classification des établissements dangereux, insalubres ou incommodes, porte ce qui suit :

Sont rangés dans la première classe des établissements dangereux insalubres ou incommodes... : — les dépôts de chairs ou débris d'animaux ; les ateliers ou les fabriques où ces matières sont préparées par la macération, ou desséchées pour être employées à quelque autre fabrication.

L'article 2 de l'ordonnance du 27 janvier 1837 range dans la deuxième classe des mêmes établissements, les dépôts de cuirs verts et peaux fraîches.

(1) Je dois cette définition et ces renseignements à un ancien élève de l'école vétérinaire d'Alfort, qui a failli succomber lui-même, il y a deux ans à peine, aux suites d'une maladie charbonneuse contractée dans l'exercice de sa profession.

L'établissement des fabriques, ateliers, dépôts, compris dans les articles qui précèdent, porte encore l'ordonnance du 9 février 1825, dans son dernier article, ne pourra avoir lieu qu'après l'accomplissement des formalités déterminées par le décret des 15 octobre 1810 et l'ordonnance du 14 janvier 1815, suivant la classe à laquelle ils appartiennent.

En dépit de toutes les sages prescriptions de la loi, les dépôts de débris d'animaux faits dans les champs, les magasins de peaux plus ou moins fraîches qui s'établissent dans les villes et dans les villages, avec ou sans autorisation, donnent naissance chaque année à de nombreux cas de pustule maligne.

Sans chercher d'autres exemples, je puis dire ici qu'un vieux marchand de peaux de lapins, qui, à mon grand déplaisir, occupe avec sa marchandise une maison qui fait presque face à la mienne, a pu constater sur sa personne et sur celle des divers membres de sa famille qui habitent avec lui, cinq ou six cas de charbon ; l'année dernière encore un plombier, son plus proche voisin, a failli perdre ses deux enfants de l'affreuse maladie : les pauvres petits, sur l'un desquels deux cas ont été observés à huit jours d'intervalle, n'ont été sauvés que par l'action énergique de la cautérisation employée à temps par un médecin habile.

Pour ce qui est de la loi relative à la taxe municipale sur les chiens, cette loi s'est proposée le double but :

De rendre à la consommation de l'homme une partie du pain qui sert à la nourriture de la race canine (1);

(1) Dans une étude statistique adressée à M. le sous-préfet de mon arrondissement, en septembre 1851, je faisais ressortir les

De faire que les accidents si graves, causés par la rage que les chiens peuvent contracter spontanément sous l'influence de causes générales et qu'ils communiquent si

chiffres suivants : Il existe dans mon canton 1,170 chiens, ce qui représente, eu égard à la population, un chien par huit habitants. Admettons que la proportion soit moins forte ailleurs et prenons pour base moyenne un chien pour dix habitants. La population de la France étant de 36 millions d'habitants, la race canine se trouverait encore fournir l'effrayant contingent de 3 millions six cent mille têtes à nourrir.

Admettons pour un instant que l'impôt sur la race canine, déjà tant de fois présenté à la Chambre législative, soit enfin voté, et calculons à l'avance les bénéfices de la future loi, que je supposerai être celle-ci :

Art. 1er. A partir du....., tout propriétaire de chiens sera tenu de déclarer à la mairie de son domicile, le nombre de chiens qu'il entend conserver; faute par lui de faire cette déclaration dans le délai de dix jours, il sera condamné à l'amende d'une somme double de celle qu'il aurait eu à payer pour cet impôt.

Art. 2. Les chiens seront classés en trois catégories :

1° Les chiens de service;
2° Les chiens d'aveugles;
3° Les chiens de luxe,

Seront considérés comme chiens de service, les chiens de ferme, de boucher, de berger, de marchands de bestiaux et ceux servant à la garde des maisons isolées. Seront considérés comme chiens de luxe tous les autres chiens.

Art. 3. Il sera perçu sur chaque chien de la première catégorie, un impôt de 5 fr. ; sur chaque chien de la troisième catégorie, un impôt de 15 fr.; le chien de la deuxième catégorie sera libre de tout impôt.

Art. 4. Il sera délivré à la mairie de chaque commune, sur le vu de la quittance à souche du percepteur, une plaque en cuivre d'un modèle uniforme et revêtue d'une estampille portant un numéro d'ordre, avec ces mots : Impôt sur la race canine ; chaque propriétaire sera tenu de faire graver sur cette plaque son nom, son adresse exacte et le nom auquel son chien répond; cela dans le délai de huit jours.

Art. 5. Tout chien qui sera trouvé soit dans les champs, soit sur la voie publique, sans être muni de la plaque prescrite par l'article précédent, sera mis en fourrière pendant trois jours et immédiatement abattu après ce délai s'il n'est point réclamé dans l'intervalle. Si le maître est connu, il sera passible des peines édictées par facilement par les morsures aux autres animaux et à l'homme lui-même, deviennent de moins en moins fréquents.

l'art. 471, n. 15, du Code pénal, sans préjudice des dommages et intérêts qui pourront être prononcés contre lui.

Art. 6. Les produits de l'impôt appartiendront, savoir : pour les deux tiers aux communes et pour l'autre tiers à l'Etat.

Maintenant pour ne pas grouper trop de chiffres, examinons quels seront les résultats probables de la loi, dans mon canton seulement.

Nos relevés statistiques accusent :		J'estime que ces chiffres se réduiront dans les proportions suivantes :	
Chiens de service,	517	2/10 en moins,	415
— de chasse,	151	2/10 en moins,	121
— de luxe, autres que de chasse,	502	6/10 en moins,	202
— d'aveugle,	néant.		
Total.	1170	Il en restera encore	738

Chaque chien mangeant par jour 500 grammes de pain en moyenne, cela donne par an, 78,840 kilog. de pain qui resteraient en plus à la consommation.

D'autre part, l'impôt des 2/3 perçu au profit des communes, produira, savoir : sur les 415 chiens de service — 1,383 fr. 32
Et sur les 321 chiens de luxe — 3,210 »

Soit au total — 4,592 32

Or, en supposant qu'il y ait dans mon canton 200 pauvres à la charge des communes, ce qui représente un 50e environ de la population ; ces 200 pauvres mangeant en moyenne chacun 500 gr. de pain par jour, c'est 100 kil. pour mes 200 pauvres. Admettons maintenant que le prix du pain se maintienne cet hiver au prix exorbitant de 50 cent. le kil. nous pourrons avec les 4,593 fr. 32, alimenter nos pauvres pendant 92 jours, c'est-à-dire pendant les trois mois les plus rigoureux de la mauvaise saison, etc.

Ai-je besoin d'ajouter que mes vœux ont été en partie réalisés !

On peut, à l'aide de quelques chiffres, se rendre compte facilement des résultats produits par l'impôt dans chacune de nos communes ; il suffit pour cela de demander à la mairie combien il existait de chiens dans la commune avant la loi du 2 mai 1855 et combien il en existe aujourd'hui.

Troisième classe.

Lois qui ont pour but de protéger les animaux contre la méchanceté, la brutalité ou l'imprudence de l'homme.

Appartiennent à cette classe :

Premièrement, la loi des 15 mars, 13 juin et 2 juillet 1850, relative aux mauvais traitements exercés envers les animaux domestiques, dite loi Grammont du nom de l'honorable général qui l'a proposée à l'Assemblée législative.

Cette loi porte ce qui suit :

Article unique. — Seront punis d'une amende de cinq francs à quinze francs inclusivement, et pourront l'être d'un à cinq jours de prison, ceux qui auront exercé publiquement et abusivement de mauvais traitements envers les animaux domestiques. La peine de la prison sera toujours appliquée en cas de récidive. L'art. 483 du code pénal sera toujours applicable (1).

Deuxièmement, la loi rurale des 28 septembre, 6 octobre 1791, qui contient dans son article 30, titre II, les dispositions suivantes :

Toute personne convaincue d'avoir, de dessein prémédité méchamment, sur le territoire d'autrui, blessé ou tué des bes-

---

(1) La librairie Guérin-Müller et Cⁱᵉ vient de publier sous ce titre : *Douceur et Justice*, un charmant ouvrage inspiré de la loi Grammont. Ce livre, qui se recommande autant par le style que par le bon choix des anecdotes intéressantes qu'il contient, devrait être mis entre les mains de tous les enfants, il leur apprendrait de bonne heure à aimer les animaux, que beaucoup, hélas ! maltraitent souvent sans motifs et sans raison. — Cet intéressant petit livre, destiné à la *lecture courante*, dans les écoles, vient d'être récompensé d'une médaille d'argent par la *Société protectrice des animaux*.

tiaux, ou chiens de garde, sera condamnée à une amende double de la somme du dédommagement; le délinquant pourra être détenu un mois, si l'animal n'a été que blessé, et six mois si l'animal est mort de sa blessure ou est resté estropié. La détention pourra être du double, si le délit a été commis la nuit, ou dans une étable, ou dans un enclos rural.

Et troisièmement, l'article 479, nos 2, 3 et 4 du code pénal (cet article est reproduit en entier dans la vingt-deuxième lecture).

Vous remarquerez toutefois que dans cet article 479, de même que dans la loi de 1791, le législateur n'a pas été mû exclusivement comme dans la belle loi Grammont, par un sentiment de pitié envers les animaux.

Il suffit, pour s'en convaincre, de lire l'article 12 de cette loi de 1791.

Je vais vous le citer en partie, vous pourrez en juger.

Loi du 28 septembre et 6 octobre 1791.

Art. 12, dernier alinéa : « Si ce sont des volailles, de
» quelque espèce que ce soit, qui causent le dommage,
» le propriétaire, le détenteur ou le fermier qui l'éprou-
» vera, pourra les tuer, mais seulement sur le lieu au
» moment du dégât. »

Je ne cite ici cette disposition de la loi de 1791, que pour vous engager, dans le cas où vous auriez à souffrir dans votre propriété de quelques dégâts commis par des volailles, à ne jamais recourir à la cruelle extrémité qu'elle autorise, vous avez un autre moyen d'obtenir la réparation du dommage causé; ce moyen consiste tout simplement à faire constater le dégât par le garde champêtre, et à en demander la réparation au propriétaire des volailles, qui sera toujours condamné à vous indemniser, s'il se refusait à le faire volontairement.

Mais revenons à la loi Grammont; s'il importe à un haut point que les animaux dont l'homme a fait la conquête, soient protégés dans l'intérêt de celui qui les possède;

S'il importe aussi que l'homme à son tour soit protégé contre eux au double point de vue de sa sûreté personnelle et de ses intérêts;

Il n'importe pas moins que les animaux que Dieu a donnés à l'homme pour l'assister dans ses travaux, pour le nourrir de leur chair, le vêtir de leurs fourrures et de leurs toisons, soient enfin protégés contre la brutalité de ce maître despote.

Depuis le monstrueux léviathan des mers jusqu'au plus petit de tous les insectes, tout être animé a sa raison d'être ici-bas, chacun a sa mission apparente ou cachée, aucun ne doit être abusivement maltraité.

Le singe, cette caricature de l'homme, que je vois promener la corde au cou sur nos carrefours, et que l'on frappe à coups de bâton pour amuser la foule spectatrice de ses gambades et de ses laides grimaces; l'oiseau que l'enfant arrache cruellement au duvet de son nid; le hanneton qu'il torture en le faisant voler retenu au bout d'un fil, la mouche à laquelle il arrache en jouant ou la tête, ou les ailes, ou les pattes, ne souffrent-ils donc pas autant que la bête de somme qu'un conducteur stupide frappe abusivement pour la contraindre à porter un fardeau trop lourd pour ses forces ? Pourquoi donc, dira-t-on, la loi leur refuse-t-elle sa protection ? Pourquoi, vous le comprenez, c'est parce que cela serait, dans la plupart des cas, impossible.

Mais, si la loi des hommes n'atteint pas ceux qui maltraitent abusivement les animaux sauvages, et, en général, tous ceux qui ne sont point placés sous l'égide de la loi du 2 juillet 1850, la loi de Dieu n'est pas muette à cet égard, et, s'il nous arrive parfois de faire souffrir sans nécessité un pauvre animal sans défense, la voix de notre conscience nous avertit que nous commettons une coupable lâcheté.

Il est prouvé jusqu'à l'évidence, que les animaux sont généralement aptes à éprouver tous les paroxysmes des passions premières. Ainsi la peur, la colère, le courage, la jalousie, la haine, l'amour ou la reconnaissance et même le désir de la vengeance se révèlent aussi bien chez la brute que chez l'homme. Que manque-t-il donc à la plupart de ces créatures, nos aînées sur la terre, pour qu'elles soient semblables à nous ? La raison, direz-vous. La raison, soit ; mais, à défaut de ce flambeau céleste dont l'homme, hélas ! éteint souvent volontairement en lui-même les lumineux rayons, chaque animal a son instinct qui ne l'abandonne jamais.

Si je vous demande ici lequel était le plus raisonnable de cet homme que je rencontrai un soir couché ivre-mort sur la chaussée d'une route, ou du chien qui, veillant auprès de lui, s'élança à la tête de mon cheval pour l'obliger à s'écarter de la voie où gisait son maître ? certes, votre réponse ne sera pas favorable à l'homme, quand je vous aurai dit surtout que le premier mouvement de celui-ci en s'éveillant, fut de lever le bâton qui était resté attaché à son poignet, sur l'intelligent et fidèle animal qui venait de lui sauver la vie.

Parler de l'instinct des animaux, c'est puiser à une

source intarissable. Que de livres ont été écrits sur ce
thème, que de livres le seront encore! Chacun peut ajouter une page à cette belle et intéressante histoire (1) ; pour
mon compte, je ne puis résister au désir de faire connaitre
ici certain tour joué par un maître renard, devant un témoin bien digne de foi, qui m'a lui-même raconté la chose
il y a quelques années.

Extrait du Sac aux cent ruses.

Un vieux renard, mais des plus fins,
Grand croqueur de poulets, grand preneur de lapins,
Sentant son renard d'une lieue.

(LAFONTAINE.)

Par une chaude matinée du mois d'août, j'étais allé
promener mes rêveries dans la belle forêt de Saint-Germain ; m'étant égaré dans le dédale des mille sentiers qui
s'y croisent, je grimpai sur un grand chêne dont la cime
domine toute cette partie du fourré, afin de m'orienter
sous le sombre couvert. J'avais accompli à peu près le
tiers de ma fatigante ascension, et je me reposais depuis
un instant à califourchon sur une grosse branche, quand
je vis passer ou plutôt glisser au-dessous de moi un animal, qu'à sa longue queue et à sa robe d'un fauve ar-
genté, je reconnus immédiatement pour un vieux renard. A trois ou quatre mètres au plus de mon observa-
toire, il y avait une mare d'une certaine étendue bordée
de joncs et de broussailles, et à laquelle on arrivait par
un sentier en pente douce. Je vis avec surprise messire
croque-poulets arracher dextrement avec ses pattes quel-

(1) Voir la note au bas de la page 148.

ques parties de mousse adhérentes au tronc d'un arbre, et se diriger vers la mare avec ce trophée au bout du museau. J'étais, je l'avoue, assez intrigué, je me demandais ce que mons renard prétendait faire de cette mousse,

> « C'était un vieux routier, il savait plus d'un tour. »

et j'étais curieux, mais curieux à l'excès, d'assister, témoin invisible, à celui qu'il allait jouer... Voici ce qui se passa. Après avoir regardé dans tous les sens, flairé dix fois le vent et prêté l'oreille au moindre frémissement de la feuille, car

> « Il savait que la méfiance
> « Est mère de la sûreté, »

le rusé compère entra tout doucement dans la mare en suivant le sentier, mit prudemment dans l'eau les deux pattes de devant, puis celles de derrière, fit une pause, puis s'avança un peu plus avant et s'arrêta une seconde fois, puis se remit à marcher pour s'arrêter encore, semblable à la baigneuse frileuse et craintive, qui n'ose entrer dans l'eau que pas à pas... Mon drôle ne s'aventurait pas à la légère et, cependant, il avançait toujours... Cette manière d'aborder le liquide élément m'étonnait fort, je m'intéressais au jeu, il y avait là-dessous quelque machination perfide que je ne devinais pas... Sans doute, le fin matois voulait saisir à l'improviste une proie invisible pour moi, et dont son instinct de renard lui révélait la présence ! Mais alors, pourquoi cette mousse qu'il s'obstinait à garder dans sa gueule, et qu'il avait grand soin de tenir élevée au-dessus de l'eau au fur et à mesure qu'il s'y enfonçait davantage ?

Il y avait plus d'un quart d'heure que l'énigme était proposée et je n'avais, Sphinx inhabile encore, rien su deviner. La position que j'occupais sur ma branche commençait à devenir fatigante, cependant je tenais essentiellement à assister à la fin du drame ou de la comédie dont le prologue se déroulait devant moi, et l'animal fertile en ruses, qui était bien loin de se douter qu'il y eût là un spectateur aussi impatient, ne changeait rien à sa mise en scène. Toutefois l'eau avait fini par couvrir graduellement tout le corps de l'acteur, la tête seule était encore visible, mais elle disparaissait insensiblement, à ce point que l'on n'apercevait plus que le bout du museau surmonté de la fallacieuse mousse... Cloque ! cloque ! A cet instant un cercle partit en s'élargissant du milieu de la mare, quelques bulles d'air apparurent à la surface de l'eau, puis on ne vit plus rien, rien que la touffe de mousse qui flottait désormais abandonnée.

Pour le coup je serais tombé de mon haut, si je ne m'étais souvenu à temps que j'étais comme le maître corbeau de la fable, sur un arbre perché à vingt pieds au-dessus du sol.

C'était à n'en pas croire mes yeux, je venais, chose inouïe, d'assister au premier de tous les suicides accomplis depuis la création par un être dépourvu d'intelligence et de raison... Décidément, c'était humiliant pour l'homme ! Cet orgueilleux bipède, qui jusqu'ici s'était réservé le privilége d'attenter lui-même à ses jours, voyait un simple, un misérable renard disposer froidement de sa vie, et cela avec un courage, avec une résolution dont bien peu, parmi les fils d'Adam, seraient en vérité capables. Que s'était-il donc passé dans cette cervelle de quadrupède pendant les derniers instants de sa vie? C'est ce que la mousse abandonnée sur l'eau pouvait seule me faire connaître. — Je résolus de m'emparer à tout prix de ce témoignage suprême et à cet effet, je descendis de ma branche sans plus me préoccuper du motif qui m'y avait fait monter. J'avais l'esprit rempli de plus sérieuses pensées ; ce dont je venais d'être témoin ne me fournissait-il pas le sujet d'un livre qui devait faire révolution dans la science et que je me proposais déjà d'adresser à l'Académie sous ce titre : *Du suicide chez les animaux...* J'allais me faire un nom! qui sait? parvenir aux honneurs, peut-être. D'autres, me disais-je à part moi, ont obtenu la croix pour de moindres découvertes, etc. Enivré par cette fumée de ma gloire future, je tirai à moi à l'aide d'une branche la mousse révélatrice...

O déception! ô mystification! ô supercherie!

Le plus rusé de tous les renards m'avait fait tout simplement son héritier, et de quoi? Devinez... De toute une armée de puces, que j'avais eu la naïveté d'attirer à moi et qui s'empressa de débarquer en sautant à l'abordage sur ma personne, qui fut en un instant envahie par la noire légion. Je devinai tout alors. Le Nestor des preneurs de lapins logeait à son corps défendant toute une garnison ennemie dans son épaisse fourrure. Or, il savait par expérience qu'une prompte immersion ne ferait pas débusquer les occupants, qui ne manqueraient pas, le cas échéant, de s'enfoncer plus avant dans la place; sans nul doute aussi, il avait constaté déjà en d'autres circonstances, que sensibles à l'impression du froid, ses piquants ennemis montaient à la partie supérieure de son corps, quand les parties basses restaient seules plongées dans l'eau, et sur ces simples données, il avait habilement conçu le plan qu'il venait d'exécuter avec tant de succès.

Des traces humides et récentes laissées à l'extrémité de la mare, témoignaient suffisamment que l'animal, passé maître en fait de tromperies, avait tout bonnement fait un plongeon, après s'être assuré que le dernier de ses ennemis avait pris patte sur le radeau de mousse.

C'est pourquoi, cher lecteur, les naturalistes continuent à professer que parmi toutes les créatures animées qui peuplent la machine ronde, celle qui est douée d'intelligence et de raison possède seule, exclusivement, le triste privilége du suicide. O intelligence! ô raison!

Pour terminer cette lecture par une preuve de charité donnée à l'homme par les animaux, je puiserai dans les œuvres historiques de M. de Sainte-Foix l'anecdote suivante :

« Dans ses observations militaires, imprimées à Paris en 1760, M. de Boussanelle, capitaine de cavalerie, dans le régiment de Beauvilliers, rapporte : qu'en 1757, un cheval de sa compagnie, hors d'âge, très-beau et du plus grand feu, ayant eu tout à coup les dents usées, au point de ne pouvoir plus mâcher le foin et broyer son avoine, fut nourri pendant deux mois et l'eût été davantage, si on l'eût gardé, par les deux chevaux de droite et de gauche qui mangeaient avec lui ; que ces deux chevaux tiraient du râtelier le foin qu'ils mâchaient et jetaient ensuite devant le vieillard ; qu'ils en usaient de même de l'avoine, qu'ils broyaient bien menu, et mettaient ensuite devant lui. C'est ici, ajoute-t-il, l'observation et le témoignage d'une compagnie entière de cavalerie, officiers et cavaliers. »

Est-ce donc là de l'instinct? Ah! si c'est de l'instinct, tâchons que notre superbe raison, que l'intelligence de notre cœur sache au moins l'imiter! Hélas, dans l'exercice de mes fonctions, j'ai vu tant et tant de fois le fils refuser à son père, vieux et infirme, le morceau de pain que celui-ci n'était plus en état de gagner… que je voudrais pouvoir qualifier d'un tout autre nom que du mot instinct l'action de ces deux chevaux, qui ont été vus pendant deux mois, ainsi occupés à préparer et à offrir au vieux compagnon de leurs travaux, la nourriture que ses dents usées ne pouvaient plus broyer (1).

(1) Il y a quelques mois, le journal le *Siècle* entretenait ses lecteurs d'un fait exactement semblable qui a été constaté il y a un an à peine dans le département de la Somme.

VINGT-TROISIEME LECTURE

CONTRAVENTIONS DE POLICE.

> Contravention, ce mot exprime en droit le fait qui, tout en pouvant n'être pas blâmable en lui-même, devient répréhensible et punissable à cause des prohibitions de la loi.
>
> (BOUILLET, *Dict. univ.*)

Le quatrième livre de notre code pénal, que je vais copier presque en entier ici, traite des infractions légères passibles des peines de simple police ; je vous engage à lire et à relire bien attentivement les art. 471, 475 et 479 ; ces articles contiennent l'énumération de plusieurs infractions que vous êtes parfois exposés à commettre.

Art. 464. — Les peines de police sont :

L'emprisonnement, l'amende et la confiscation de certains objets saisis.

Art. 465. — L'emprisonnement pour contravention de police ne pourra être moindre d'un jour, ni excéder cinq jours, selon les classes, distinctions et cas ci-après spécifiés.

Les jours d'emprisonnement sont des jours complets de vingt-quatre heures.

Art. 466. — Les amendes pour contravention pourront être prononcées depuis un franc jusqu'à quinze francs inclusivement, selon les distinctions et classes ci-après spécifiées, et seront appliquées au profit de la commune où la contravention aura été commise.

Art. 467. — La contrainte par corps a lieu pour le paiement de l'amende. Néanmoins le condamné ne pourra être pour cet objet, détenu plus de quinze jours, s'il justifie de son insolvabilité.

Art. 470. — Les tribunaux de police pourront aussi, dans les cas déterminés par la loi, prononcer la confiscation, soit des choses saisies en contravention, soit des choses produites par la contravention, soit des matières ou des instruments qui ont déjà servi ou étaient destinés à la commettre.

Contraventions et peines.

Première classe.

Art. 471. — Seront punis d'amende depuis un franc jusqu'à cinq francs inclusivement :

N° 1. — Ceux qui auront négligé d'entretenir, réparer ou nettoyer les fours, cheminées ou usines où l'on fait usage du feu.

N° 2. — Ceux qui auront violé la défense de tirer, en certains lieux, des pièces d'artifice.

N° 3. — Les aubergistes et autres qui, obligés à l'éclairage, l'auront négligé ; ceux qui auront négligé de nettoyer les rues ou passages, dans les communes où ce soin est laissé à la charge des habitants.

N° 4. — Ceux qui auront embarrassé la voie publique, en y déposant ou en y laissant, sans nécessité, des matériaux ou des choses quelconques qui empêchent ou diminuent la liberté ou la sûreté du passage ; ceux qui, en contravention aux lois et règlements, auront négligé d'éclairer les matériaux par eux entreposés ou les excavations par eux faites dans les rues et places.

N° 5. — Ceux qui auront négligé ou refusé d'exécuter les règlements ou arrêtés concernant la petite voirie, ou d'obéir à la sommation émanée de l'autorité administrative, de réparer ou démolir les édifices menaçant ruine.

N° 6. — Ceux qui auront jeté ou exposé au-devant de leurs édifices des choses de nature à nuire par leur chute ou par des exhalaisons insalubres.

N° 7. — Ceux qui auront laissé dans les rues, chemins, places, lieux publics, ou dans les champs, des coutres de charrue, pinces, barres, barreaux, ou autres machines, ou instruments, ou armes, dont puissent abuser les voleurs ou autres malfaiteurs.

N° 8. — Ceux qui auront négligé d'écheniller dans les campagnes ou jardins où ce soin est prescrit par la loi ou les règlements.

N° 9. — Ceux qui, sans autres circonstances prévues par les lois, auront cueilli ou mangé, sur le lieu même, des fruits appartenant à autrui.

N° 10. — Ceux qui, sans autres circonstances, auront glané, râtelé ou grapillé dans les champs non encore entièrement dépouillés et vidés de leurs récoltes, ou avant le moment du lever ou après celui du coucher du soleil.

N° 11. — Ceux qui, sans avoir été provoqués, auront proféré contre quelqu'un des injures, autres que celles prévues par l'article 367, jusques et y compris l'art. 378.

N° 12. — Ceux qui, imprudemment, auront jeté des immondices sur quelque personne.

N° 13. — Ceux qui, n'étant ni propriétaires, ni usufruitiers, ni locataires, ni fermiers, ni jouissant d'un terrain ou d'un droit de passage, ou qui, n'étant agents ni préposés d'aucune

do ces per... nnes, seront entrés ou auront passé sur ce terrain,
ou sur partie de ce terrain, s'il est préparé ou ensemencé.

N° 14. — Ceux qui auront laissé passer leurs bestiaux ou
leurs bêtes de trait, de charge ou de monture sur le terrain
d'autrui, avant l'enlèvement de la récolte.

N° 15. — Ceux qui auront contrevenu aux règlements légalement faits par l'autorité administrative, et ceux qui ne se
seront pas conformés aux règlements ou arrêtés publiés par
l'autorité municipale, en vertu des articles 3 et 4, titre XI de
la loi du 16-24 août 1790, et de l'art. 46, titre Ier de la loi des
19-22 juillet 1791.

Art. 472. — Seront en outre confisqués, les pièces d'artifice saisies dans le cas du n° 2 de l'art. 471, les coutres, les instruments et les armes mentionnés dans le n° 7 du même
article.

Art. 473. — La peine d'emprisonnement pendant trois
jours au plus pourra de plus être prononcée, selon les circonstances, contre ceux qui auront tiré des pièces d'artifice,
contre ceux qui auront glané, râtelé, grapillé en contravention au n° 10 de l'art. 471.

Art. 474. — La peine d'emprisonnement contre toutes
les personnes mentionnées en l'art. 471 aura toujours lieu, en
cas de récidive, pendant trois jours au plus.

Le n° 15 de notre article 471 a besoin de quelques
explications. A côté des lois qui obligent indistinctement
tous les Français, il existe des règlements et des arrêtés
d'administration, qui obligent tous les habitants d'un
même département ou d'une même commune. Ainsi, le
préfet, au chef-lieu de département, prend des arrêtés
généraux comme ceux, par exemple, qui fixent les
heures de fermeture des établissement publics, qui prescrivent l'éclairage des voitures, qui prohibent l'emploi

du chaume ou autres matières inflammables, pour la couverture des bâtiments ; il prend aussi des arrêtés particuliers qui n'obligent que ceux-là que ces arrêtés intéressent, comme ceux qui tranchent certaines questions entre l'administration et tel et tel particulier.

Le maire fait des règlements qui sont obligatoires pour tous les habitants de la commune, comme ceux qui recommandent de balayer, à certains jours et à certaines heures, le devant des habitations, qui défendent de laisser vaguer des volailles dans les rues, qui réglementent la police des marchés, etc.

Contrevenir aux règlements ou aux arrêtés de l'administration, c'est s'exposer à subir les peines édictées par les articles que je viens de citer, quelquefois même, celles prononcées dans les articles 475 et suivants que vous lirez après le court récit anecdotique que voici :

Louis XVI avait senti de bonne heure combien le droit de propriété était une chose sacrée. Etant dauphin, il suivait un jour la chasse du roi avec ses frères ; ils étaient dans le même carrosse lorsqu'ils entendirent sonner la mort du cerf. Aussitôt ces princes, par un mouvement naturel à leur âge, s'écrièrent : Voilà l'halali, courons, courons ! Le cocher, pour abréger le chemin, voulut couper par un champ de blé, le dauphin s'en aperçoit, se précipite à la portière, donne ordre d'arrêter et de prendre une autre route. Ce blé ne nous appartient pas, dit-il ; nous ne devons point l'endommager. Le comte d'Artois, frappé de ce sentiment de bienfaisance, dit en regardant son frère : La France doit se féliciter d'avoir un prince si juste (*Anecd. sur Louis XVI*). Un autre jour, chassant aux environs de Versailles, il demanda à des paysans pourquoi les foins qui lui paraissaient mûrs étaient encore sur pied. Sire, les officiers des chasses ont défendu de faucher avant la Saint-Pierre, à cause des nids de perdrix ; et moi, réplique le roi, je veux que vous fauchiez dès aujourd'hui si vous désirez le faire. Il n'est pas juste que pour conserver mon gibier, vous perdiez vos propriétés (*Même recueil*).

Ah ! si l'on savait toutes les peines qu'elles coûtent pour les faire venir, ces belles récoltes de nos champs ; si l'on savait que tel ou tel petit coin de terre dont le produit annuel peut être évalué à 100 ou 200 fr., par exemple, est souvent la seule et unique ressource d'une pauvre femme veuve, d'un malheureux vieillard, quelquefois d'une famille entière, on ne foulerait pas aux pieds les champs qui recouvrent la semence, on n'arracherait pas en jouant l'épi qui se penche au bord du sillon, on ne cueillerait pas à la branche le fruit qui mûrit au bord du chemin, on comprendrait mieux enfin que ces petits larcins, souvent répétés, constituent en somme des dommages relativement importants au préjudice de ceux-là qui possèdent si peu, si peu parfois, qu'ils ne peuvent vivre, hélas ! qu'à la condition d'accomplir chaque jour des prodiges d'économie et de sobriété.

Deuxième classe.

Art. 475. — Seront punis d'amende depuis six francs jusqu'à dix francs inclusivement :

Nº 1. — Ceux qui auront contrevenu aux bans des vendanges ou autres bans autorisés par les règlements.

Nº 2. — Les aubergistes, hôteliers, logeurs ou loueurs de

maisons garnies, qui auront négligé d'inscrire de suite et sans aucun blanc, sur un registre tenu régulièrement, les noms, qualités, domicile habituel, date d'entrée et de sortie de toute personne qui aurait couché ou passé une nuit dans leurs maisons ; ceux d'entre eux qui auraient manqué à représenter ce registre aux époques déterminées par les règlements, ou lorsqu'ils en auraient été requis, aux maires, adjoints, officiers ou commissaires de police, ou aux citoyens commis à cet effet, le tout sans préjudice des cas de responsabilité mentionnés en l'article 73 du code pénal, relativement aux crimes ou aux délits de ceux qui, ayant logé ou séjourné chez eux, n'auraient pas été régulièrement inscrits.

N° 3. — Les rouliers, charretiers, conducteurs de voitures quelconques ou de bêtes de charge, qui auraient contrevenu aux règlements par lesquels ils sont obligés de se tenir constamment à portée de leurs chevaux, bêtes de trait ou de charge et de leurs voitures et en état de les guider et conduire ; d'occuper un seul côté des rues, chemins ou voies publiques ; de se détourner ou ranger devant toutes autres voitures, et, à leur approche, de leur laisser libre au moins la moitié des rues, chaussées, routes et chemins.

N° 4. — Ceux qui auront fait ou laissé courir les chevaux, bêtes de trait, de charge ou de monture, dans l'intérieur d'un lieu habité, ou violé les règlements contre le chargement, la rapidité ou la mauvaise direction des voitures. — Ceux qui contreviendront aux dispositions ordonnances et règlements ayant pour objet ; — la solidité des voitures publiques ; — leur poids ; — le mode de leur chargement ; — le nombre et la sûreté des voyageurs ; — l'indication, dans l'intérieur des voitures, des places qu'elles contiennent et du prix des places ; l'indication, à l'extérieur, du nom du propriétaire.

N° 5. — Ceux qui auront établi ou tenu dans les rues, chemins, places ou lieux publics, des jeux de loterie ou d'autres jeux de hasard.

N° 6. — Ceux qui auront vendu ou débité des boissons falsifiées ; sans préjudice des peines plus sévères qui seront prononcées par les tribunaux de police correctionnelle, dans le cas où elles contiendraient des mixtions nuisibles à la santé.

N° 7. — Ceux qui auraient laissé divaguer des fous ou des furieux étant sous leur garde, ou des animaux malfaisants ou féroces ; ceux qui auront excité ou n'auront pas retenu leurs chiens, lorsqu'ils attaquent et poursuivent les passants, quand même il n'en serait résulté aucun mal ni dommage.

N° 8. — Ceux qui auraient jeté des pierres ou d'autres corps durs ou des immondices contre les maisons, édifices et clôtures d'autrui, ou dans les jardins et enclos, et ceux qui auraient aussi volontairement jeté des corps durs ou des immondices sur quelqu'un.

N° 9. — Ceux qui, n'étant propriétaires, usufruitiers ni jouissant d'un terrain ou d'un droit de passage, y sont entrés et y ont passé dans le temps où ce terrain était chargé de grains en tuyau, de raisins ou autres fruits mûrs ou voisins de la maturité.

N° 10. — Ceux qui auraient fait ou laissé passer des bestiaux, animaux de trait, de charge ou de monture, sur le terrain d'autrui, ensemencé ou chargé d'une récolte, en quelque saison que ce soit, ou dans un bois taillis appartenant à autrui.

N° 11. — Ceux qui auraient refusé de recevoir les espèces et monnaies nationales, non fausses ni altérées, selon la valeur pour laquelle elles ont cours.

N° 12. — Ceux qui, le pouvant, auront négligé de faire les travaux, le service ou de prêter les secours dont ils auront été requis, dans les circonstances d'accidents, tumultes, naufrage, inondation, incendie ou autres calamités, ainsi que dans les cas de brigandages, pillages, flagrant délit, clameur publique ou d'exécution judiciaire.

N° 13. — Les personnes désignées aux articles 284 et 288 du code pénal.

N° 15. — Ceux qui déroberont, sans aucune des circonstances prévues en l'article 388, des récoltes ou autres productions utiles de la terre, qui, avant d'être soustraites, n'étaient pas encore détachées du sol.

Art. 476. — Pourra, suivant les circonstances, être prononcé, outre l'amende portée en l'article précédent, l'emprisonnement pendant trois jours au plus, contre les rouliers, charretiers, voituriers et conducteurs en contravention; contre ceux qui auront contrevenu aux règlements ayant pour objet, soit la rapidité, la mauvaise direction ou le chargement des voitures ou des animaux, soit la solidité des voitures publiques, leur poids, le mode de leur chargement, le nombre et la sûreté des voyageurs; contre les vendeurs et débitants de boissons falsifiées; contre ceux qui auraient jeté des corps durs ou des immondices.

Art. 477. — Seront saisis et confisqués, 1° les tables, instruments, appareils des jeux ou des loteries établis dans les rues, chemins et voies publics, ainsi que les enjeux, les fonds, denrées, objets ou lots proposés aux joueurs, dans le cas de l'article 476; 2° les boissons falsifiées, trouvées appartenir au vendeur et débitant; ces boissons seront répandues; 3° les écrits ou gravures contraires aux mœurs; ces objets seront mis sous le pilon.

Art. 478. — La peine de l'emprisonnement pendant cinq jours au plus sera toujours prononcée, en cas de récidive, contre toutes les personnes mentionnées dans l'article 475. Les individus mentionnés au n° 5 du même article qui seraient repris pour le même fait en état de récidive, seront traduits devant le tribunal de police correctionnelle, et punis d'un emprisonnement de six jours à un mois, et d'une amende de seize francs à deux cents francs.

Les numéros 8, 9, 10 et 15 de l'art. 475, ont aussi pour objet de protéger la propriété, de même que plusieurs des numéros de l'art. 479, que vous allez lire plus bas. Pour vous enseigner par un nouvel exemple, le respect que l'on doit à la propriété d'autrui, je vous conterai le trait suivant :

Un capitaine de cavalerie allemande est commandé pour aller au fourrage. A la tête de sa compagnie, il aperçoit au loin une cabane, y porte ses pas, frappe à la porte et se fait ouvrir. Un vieux quaker se présente. — Mon père, montrez-moi un champ où je puisse faire fourrager mes cavaliers ? — Très-volontiers. — Aussitôt le bonhomme se met à la tête du détachement et remonte avec lui le vallon. Après un quart d'heure de marche se présente un beau champ d'orge. — Voilà ce qu'il nous faut, dit le capitaine ! — Attendez un moment, réplique le conducteur, et vous serez content. A un quart de lieue plus loin, on rencontre un nouveau champ d'orge, où le quaker invite les cavaliers à descendre. La troupe met pied à terre, scie le grain, le met en trousse et remonte à cheval. Cependant l'officier mécontent dit au guide ! Bon père, vous nous avez fait faire une course fort inutile ; le premier champ valait bien celui-ci. Cela est vrai, reprit le vieillard, mais il n'était pas à moi. (*Lectures morales et amusantes.*)

Troisième classe.

Art. 479. — Seront punis d'amende depuis onze francs jusqu'à quinze francs inclusivement :

N° 1. — Ceux qui, hors les cas prévus depuis l'art. 434

jusques et y compris l'art. 462, auront volontairement causé du dommage aux propriétés mobilières d'autrui.

N° 2. — Ceux qui auront occasionné la mort ou la blessure des animaux ou bestiaux appartenant à autrui, par l'effet de la divagation des fous ou furieux, ou d'animaux malfaisants ou féroces, ou par la rapidité ou la mauvaise direction ou le chargement excessif des voitures, chevaux, bêtes de trait, de charge ou de monture.

N° 3. — Ceux qui auront occasionné les mêmes dommages par l'emploi ou l'usage d'armes sans précaution ou avec maladresse, ou par jet de pierres ou d'autres corps durs.

N° 4. — Ceux qui auront causé les mêmes accidents par la vétusté, la dégradation, le défaut de réparation ou d'entretien des maisons ou édifices, ou par l'encombrement ou l'excavation, ou telles autres œuvres, dans ou près des rues, chemins, places ou voies publiques, sans les précautions ou signaux ordonnés ou d'usage.

N° 6. — Ceux qui emploieront des poids ou des mesures différents de ceux qui sont établis par les lois en vigueur. — Les boulangers et bouchers qui vendront le pain ou la viande au delà du prix fixé par la taxe légalement faite et publiée. (Voir ci-après les articles 3 et 4 de la loi du 4 juillet 1837.)

N° 7. — Les gens qui font métier de deviner et pronostiquer, ou d'expliquer les songes.

N° 8. — Les auteurs ou complices de bruits ou tapages injurieux ou nocturnes, troublant la tranquillité des habitants.

N° 9. — Ceux qui auront méchamment enlevé ou déchiré les affiches apposées par ordre de l'administration.

N° 10. — Ceux qui mèneront sur le terrain d'autrui des bestiaux, de quelque nature qu'ils soient, et notamment dans les prairies artificielles, dans les vignes, oseraies, dans les plants de câpriers, dans ceux d'oliviers, de mûriers, de grenadiers, d'orangers, et d'arbres du même genre, dans tous les plants et pépinières d'arbres fruitiers ou autres, faits de main d'homme.

N° 11. — Ceux qui auront dégradé ou détérioré de quelque manière que ce soit, les chemins publics, ou usurpé sur leur largeur.

N° 12. — Ceux qui, sans y être dûment autorisés, auront enlevé des chemins publics les gazons, terres ou pierres, ou qui, dans les lieux appartenant aux communes, auraient enlevé les terres ou matériaux, à moins qu'il n'existe un usage général qui l'autorise.

Art. 480. — Pourra, selon les circonstances, être prononcée la peine d'emprisonnement pendant cinq jours au plus : 1° contre ceux qui auront occasionné la mort ou la blessure des animaux ou bestiaux appartenant à autrui, dans les cas prévus par le n° 3 du précédent article; 3° contre ceux qui emploient des poids ou des mesures différents de ceux que la loi en vigueur a établis; contre les boulangers et bouchers, dans les cas prévus par le paragraphe 6 de l'article précédent; 4° contre les interprètes de songes; 5° contre les auteurs ou complices de bruits ou tapages injurieux ou nocturnes.

Art. 481. — Seront de plus saisis et confisqués : 1° les faux poids, les fausses mesures, ainsi que les poids et les mesures différents de ceux que la loi a établis; 2° les instruments, ustensiles et costumes servant ou destinés à l'exercice du métier de devin, pronostiqueur, ou interprète de songes.

Art. 482. — La peine d'emprisonnement pendant cinq jours aura toujours lieu, pour récidive, contre les personnes et dans les cas mentionnés en l'article 479.

Loi du 4 juillet 1837.

Art. 3. — A partir du 1er janvier 1840, tous poids et mesures autres que les poids établis par les lois des 18 germinal an III et 19 frimaire an vii, constitutifs du système décimal, seront interdits sous les peines portées par l'article 479 du code pénal.

Art. 4. — Ceux qui auront des poids et mesures autres que les poids et mesures ci-dessus reconnus, dans leurs magasins, boutiques, ateliers ou maisons de commerce, ou dans les halles, foires ou marchés, seront punis comme ceux qui les emploieront, conformément à l'article 479 du code pénal.

VINGT-QUATRIEME LECTURE

DES CIRCONSTANCES AGGRAVANTES, DES CIRCONSTANCES ATTÉNUANTES ET DE LA RÉCIDIVE.

> La rechute est plus dangereuse que la maladie, la récidive plus criminelle que le premier délit, leur synonymie consiste donc à désigner le retour dans la même faute ou dans le même mal.
>
> (ROUBAUD, *Nouveaux Synonymes français.*)

Il arrive assez souvent que les circonstances dans lesquelles est commise une infraction quelconque à la loi pénale, sont de nature à motiver une certaine atténuation de la peine.

Entre plusieurs infractions ayant la même qualification, il est bien rare que les circonstances dans lesquelles chacune d'elle s'est produite, soient parfaitement semblables.

Celle-ci dénotera une perversité plus grande chez son auteur, des moyens plus coupables auront été employés ; celle-là, au contraire, n'aura été que le résultat d'un mouvement irréfléchi, d'une passion mauvaise, surexcitée par une cause peut-être légitime.

C'est ce qui a motivé l'introduction des articles que je

vais vous citer ci-après, dans la loi pénale de notre pays.

Notre législation distingue des circonstances atténuantes et des circonstances aggravantes.

Les circonstances atténuantes sont des faits accessoires d'une action criminelle, qui en diminuent la gravité et peuvent motiver, par suite, une atténuation de la peine.

Les circonstances aggravantes sont celles qui, en aggravant la culpabilité, entraînent après elles une pénalité plus forte.

Un pauvre diable invalide, hors d'état de gagner sa vie par le travail, épuisé par la peine et les privations, voit un pain exposé à la boutique d'un boulanger, s'en empare et le dévore; c'est là un vol sans doute, mais les conditions dans lesquelles se trouvait celui qui l'a commis, en atténuant singulièrement la gravité, le coupable obtiendra inévitablement de ses juges le bénéfice des circonstances atténuantes.

Un vol est commis, au contraire, avec l'ensemble des circonstances prévues dans l'art. 381 (voir notre seizième lecture); ce sont là autant de circonstances qui devront entraîner une répression plus sévère.

Disons aussi qu'en matière criminelle, qu'il y ait crime, délit ou simple contravention, la récidive est toujours une circonstance aggravante, et voyons quelles sont les peines de la récidive pour crimes, délits et contraventions.

Art. 56. — Quiconque, ayant été condamné à une peine afflictive ou infamante, aura commis un second crime, emportant, comme peine principale, la dégradation civique, sera condamné à la peine du bannissement. Si le second crime emporte la peine du bannissement, il sera condamné à la peine de la détention. Si le second crime emporte la peine de la réclusion, il sera condamné à la peine des travaux forcés à temps. Si le second crime emporte la peine de la détention, il sera condamné au maximum de la même peine, laquelle pourra être élevée jusqu'au double. Si le second crime emporte la peine des travaux forcés à temps, il sera condamné au maximum de la même peine, laquelle pourra être élevée jusqu'au double. Si le second crime emporte la peine de la déportation, il sera condamné aux travaux forcés à perpétuité. Quiconque ayant été condamné aux travaux forcés à perpétuité, aura commis un second crime emportant la même peine, sera condamné à la peine de mort.

Art. 57. — Quiconque ayant été condamné pour un crime, aura commis un délit de nature à être puni correctionnellement, sera condamné au maximum de la peine portée par la loi, et cette peine pourra être élevée jusqu'au double.

Art. 58. — Les coupables condamnés correctionnellement à un emprisonnement de plus d'une année, seront aussi, en cas de nouveaux délits, condamnés au maximum de la peine portée par la loi, et cette peine pourra être élevée jusqu'au double ; ils seront de plus mis sous la surveillance du gouvernement pendant au moins cinq années, et dix ans au plus.

Art. 483. — Il y a récidive dans tous les cas prévus par le le présent livre, lorsqu'il a été rendu contre les contrevenants, dans les douze mois précédents, un premier jugement pour contravention de police commise dans le ressort du même tribunal.

L'art. 463 du présent code sera applicable à toutes les contraventions ci-dessus indiquées.

J'arrive enfin à l'art. 463, il est ainsi conçu :

Les peines prononcées par la loi contre celui ou ceux des

accusés reconnus coupables, en faveur de qui le jury aura déclaré des circonstances atténuantes, seront modifiées ainsi qu'il suit : si la peine prononcée par la loi est la mort, la cour appliquera la peine des travaux forcés à perpétuité ou celle des travaux forcés à temps. Néanmoins, s'il s'agit de crimes contre la sûreté extérieure ou intérieure de l'État, la cour appliquera la peine de la déportation ou celle de la détention ; mais dans les cas prévus par les articles 86, 96 et 97, elle appliquera la peine des travaux forcés à perpétuité ou celle des travaux forcés à temps. Si la peine est celle des travaux forcés à perpétuité, la cour appliquera la peine des travaux forcés à temps ou celle de la réclusion. Si la peine est celle de la déportation, la cour appliquera la peine de la détention ou celle du bannissement. Si la peine est celle des travaux forcés à temps, la cour appliquera la peine de la réclusion ou les dispositions de l'art. 401, sans toutefois pouvoir réduire la durée de l'emprisonnement au-dessous de deux ans. Si la peine est celle de la réclusion, de la détention, du bannissement ou de la dégradation civique, la cour appliquera les dispositions de l'art. 401, sans toutefois pouvoir réduire la durée de l'emprisonnement au-dessous d'un an. Dans le cas où le code prononce le maximum d'une peine afflictive, s'il existe des circonstances atténuantes, la cour appliquera le minimum de la peine, ou même la peine inférieure. Dans tous les cas où la peine de l'emprisonnement et celle de l'amende sont prononcées par le code pénal, si les circonstances paraissent atténuantes, les tribunaux correctionnels, sont autorisés même en cas de récidive, à réduire l'emprisonnement même au-dessous de six jours et l'amende même au-dessous de seize francs ; ils pourront aussi prononcer séparément l'une ou l'autre de ces peines, et même substituer l'amende à l'emprisonnement, sans qu'en aucun cas elle puisse être au-dessous des peines de simple police.

Du droit de faire grâce et d'accorder des amnisties,

qui appartient exclusivement à l'Empereur comme un attribut d'essence divine, réservé à la souveraine puissance (sénatus-consulte, du 25 décembre 1852, art. 1er), découle le pouvoir conféré aux cours et tribunaux par l'art. 463. Cette faculté d'amoindrir la peine, quand les circonstances qui ont accompagné la faute peuvent en motiver l'atténuation, est, à mon sens, le plus beau privilége du magistrat chargé de rendre la justice au nom de l'Empereur.

Dans ses rapports avec ses semblables, l'homme plus faible que méchant, emporté par les entraînements de sa fragile nature, commet souvent, trop souvent, des fautes qui ont besoin d'être examinées avec indulgence ; chacun de nous, en effet, n'est-il pas exposé à avoir besoin d'invoquer auprès d'un autre, soit pour une action irréfléchie, soit pour une parole légère, le bénéfice de circonstances atténuantes ?

Heureux celui, mes enfants, qui pourra toujours les invoquer avec succès devant le tribunal des hommes !

Plus heureux encore celui qui pourra les implorer avec une conscience pure, devant le tribunal de Dieu !

Le désir de vous aider un peu en ceci et d'ajouter un livre utile à ceux qui servent à votre éducation, m'a décidé à entreprendre une tâche au-dessus de mes forces, peut-être. Puisse, circonstance atténuante, l'excellence du but excuser la témérité de l'entreprise !

APPENDICE

En dehors du code pénal il existe un très-grand nombre de délits et de contraventions prévus par des lois ou ordonnances qu'il serait trop long de reproduire ici. Je me bornerai à vous donner la date et le titre de celles de ces lois ou ordonnances que vous pourrez avoir le plus d'intérêt à consulter.

1o Des 28 septembre et 6 octobre 1791, décret concernant les biens et usages ruraux et la police rurale.

2o Du 9 ventôse an XIII, loi relative aux plantations des grandes routes et des chemins vicinaux (*Bulletin des Lois*, 4e série, no 587).

Du 22 juin 1751, ord. des trésoriers de France pour l'écoulement des eaux des routes.

Du 21 mai 1836, loi sur les chemins vicinaux (*Bulletin des Lois*, 9e série, no 6203).

3o Les articles 584 à 600 du code de commerce.

4o Les articles 19, 21, 22, 29, 32, 34 à 40, 42, 53 à 57, 72 à 81, 83, 85, 100, 101, 125, 131, 133, 138, 141, 146 à 149, 151 à 155, 158, 192 à 208 et 230 du code forestier.

La loi des 7 mai et 19 juin 1859 qui modifie diverses dispositions du code forestier.

5° Du 3 mai 1844, loi sur la police de la chasse (*Bulletin des Lois*, 9e série, no 11, 257).

6° 5 juillet 1844, loi sur les brevets d'invention (9e série, no 11341).

7° Des 19 janvier, 7 mars et 13 avril 1850, loi relative à l'assainissement des logements insalubres (10e série, no 2068).

8° 12-30 avril et 30 mai 1851, loi sur la police du roulage (10e série, no 2971).

10 août 1852, décret portant règlement sur la police du roulage (10e série, no 4395).

9° 10 juin 1854, loi sur le libre écoulement des eaux provenant du drainage (11e série, no 1555).

10° 9 juin 1857, code de justice militaire pour l'armée de terre (11e série, no 4828).

11° 4 juin 1858, code de justice militaire pour l'armée de mer (11e série, no 5667).

PETIT VOCABULAIRE

POUR SERVIR A L'EXPLICATION DES TERMES EMPLOYÉS DANS LE VOLUME.

Acte.

On appelle acte, en général, l'écrit qui sert à constater ou à justifier quelque chose.

L'acte administratif est une décision prise par l'autorité administrative.

L'acte judiciaire est celui où le ministère des avoués et celui des juges interviennent.

L'acte de notoriété, celui où un juge de paix ou un notaire déclare que des témoins ont attesté devant lui un fait qui était à leur connaissance.

L'acte privé ou sous-seing privé, celui qui se passe entre particuliers sans le ministère d'aucune personne investie de fonctions publiques.

L'acte public ou authentique, celui qui se passe devant des personnes qui ont un caractère public, comme les notaires.

Action.

Ce mot exprime, en général, le fait par lequel la faculté d'agir se manifeste.

En jurisprudence, l'action est le droit de poursuivre en justice ce qui nous est dû. On dit dans ce sens : avoir action contre quelqu'un; intenter une action.

L'action est dite civile si la poursuite est faite dans un intérêt privé;

Criminelle, si elle a pour but la punition d'un crime ou d'un délit.

Agréés.

Praticiens attachés à nos tribunaux de commerce pour y représenter les plaideurs. Le ministère des avoués étant défendu par la loi devant les tribunaux de commerce, les agréés y remplissent leur office.

Arrêts.

On donne le nom d'arrêts aux décisions des cours souveraines, comme la Cour de cassation, les Cours impériales, les Cours d'assises (voir *Jugements*).

Ascendants.

Qui vont en montant, par opposition à descendants qui vont en descendant. En termes de généalogie et de jurisprudence, on appelle ascendants les parents qui sont au-dessus de nous en ligne directe. Ainsi notre père, notre aïeul, notre bisaïeul sont nos ascendants.

Avocat.

On nomme avocat celui qui, pourvu des diplômes exigés, fait profession de défendre les causes en justice.

Les avocats au Conseil d'État et à la Cour de cassation sont des officiers ministériels chargés de suivre la procédure et de plaider devant le Conseil d'État et la Cour de cassation.

On nomme avocat du diable celui qui, dans une conférence religieuse, propose les objections.

Avoués.

Officiers ministériels établis près les tribunaux civils de première instance et près les Cours impériales pour représenter les parties et faire les actes de procédure. On ne peut plaider en France sans le ministère d'avoué. (Loi du 20 mars 1791, décrets des 6 juillet 1810 et 2 juillet 1812.)

Cadi.

Mot arabe qui signifie juge; c'est le nom que portent les juges musulmans; ils réunissent les diverses attributions que remplissent chez nous les juges de paix, les commissaires de police, les notaires et les juges des tribunaux civils et criminels; ils prononcent sans appel, en prenant le Coran pour base de leurs décisions, et imposent à leur gré les punitions et les amendes.

(BOUILLET.)

11

Commissaire de police.

Ce fonctionnaire appartient tout à la fois à l'ordre administratif et à l'ordre judiciaire; il est spécialement chargé de veiller à l'ordre public, de rechercher les contraventions de police et d'en poursuivre la punition; il reçoit les rapports et les plaintes sur les crimes et délits qui se commettent dans l'étendue de son ressort, et en dresse procès-verbal.

Compétence.

Ce mot exprime en général une faculté, un droit, un attribut quelconque, soit d'une personne, soit même d'une chose.

Ainsi, l'on peut dire âge compétent pour indiquer celui auquel on serait apte à l'exercice de certains actes de la vie civile, aussi bien que l'on dit juge compétent pour désigner un juge ayant pouvoir de statuer sur une affaire contentieuse.

Dans le langage des lois ce mot est particulièrement employé comme un terme générique qui signifie la portion d'autorité attribuée à un fonctionnaire public, ou à un corps de fonctionnaires exerçant collectivement des attributions de même nature.

(CARRÉ DE RENNES.)

Conseiller.

Ce mot, applicable à tout membre d'un conseil quelconque, est particulièrement donné aux membres des hautes cours, telles que la Cour de cassation, la Cour des comptes et les Cours impériales.

Cour.

On donne le nom de cour à certains tribunaux d'un ordre supérieur.

Cours impériales.

Ces cours sont au nombre de vingt-huit. Chacune d'elles étend sa juridiction sur plusieurs départements; instituées pour statuer sur les appels des jugements des tribunaux de première instance et de commerce, ces cours forment le deuxième degré de juridiction en France; les magistrats chargés d'y rendre la justice, prennent le nom de conseillers, leur nombre varie en raison de l'importance de la cour à laquelle ils sont attachés. Chaque cour est divisée en plusieurs sections que l'on nomme chambres. Il y a une chambre des mises en accusation, une chambre des appels de police correctionnelle, et une ou plusieurs chambres civiles; il y a un président et un nombre déterminé de conseillers pour chaque chambre; les chambres réunies sont présidées par l'un des présidents qui prend le titre de premier président. Il y a près de chaque cour impériale un procureur général ayant sous ses ordres des avocats généraux et des substituts; un greffier en chef, ayant sous ses ordres des greffiers et commis greffiers, des avocats chargés de plaider pour les parties, des avoués et des huissiers.

Cour de cassation.

Tribunal suprême, essentiellement unique, institué pour

toute la France; cette cour siége à Paris, elle se divise en trois chambres. La Cour de cassation ne connaît pas du fond des affaires, elle juge seulement de la forme ; en d'autres termes, elle décide si la loi a été bien appliquée et si les formes de la procédure à suivre ont été exactement observées.

Cette cour se divise en trois chambres composées chacune de quinze conseillers et d'un président, elle a en outre un premier président. La première chambre statue sur l'admission ou le rejet des requêtes en cassation. La deuxième chambre prononce définitivement sur les demandes en cassation en matière civile. La troisième prononce sur les demandes en cassation en matière criminelle.

Il y a près de la cour un procureur général, six avocats généraux, un greffier en chef, quatre commis greffiers et un nombre limité d'avocats chargés d'instrumenter et de plaider pour les parties.

Cour des comptes.

Sorte de juridiction supérieure chargée spécialement de la révision et de la haute surveillance de toute la comptabilité publique de l'empire.

Cours d'assises.

Les Cours d'assises ne forment pas un tribunal à part, elles sont temporaires, n'existent qu'à partir du jour de leur ouverture, et cessent d'exister aussitôt qu'elles ont prononcé sur toutes les affaires qui leur sont soumises.

Les Cours d'assises, chargées de l'administration de la

justice criminelle, étendent leur compétence à tous les crimes contre la chose publique ou contre les particuliers.

Il y a une Cour d'assises par département, elle se tient ordinairement au chef-lieu. Chaque Cour d'assises est composée de trois juges, un président choisi parmi les conseillers de la Cour d'appel, et deux juges choisis parmi ceux du tribunal civil du lieu où se tiennent les assises.

A côté de ces magistrats, exclusivement chargés d'appliquer la loi, se trouve le jury.

Le jury est la réunion d'un certain nombre de citoyens appelés jurés, chargés, dans les affaires soumises aux assises, de prononcer suivant leur conscience, après avoir suivi les débats judiciaires, sur la culpabilité ou la non culpabilité de l'accusé. Le jury se borne à juger le fait sans avoir à se préoccuper de la pénalité qui peut y être attachée, l'application de la loi est réservée aux magistrats.

Tous les Français âgés de trente ans et jouissant de leurs droits civils et politiques peuvent faire partie du jury, s'ils ne sont pas, d'ailleurs, dans des cas d'incapacité prévus par la loi, ou s'ils ne sont pas dispensés, etc. (Loi du 4 juin 1853.)

La liste du jury est dressée tous les ans par le préfet, d'après des listes préparées par des commissions cantonales composées de tous les maires d'un même canton, réunis sous la présidence du juge de paix, et revues ensuite par une seconde commission composée des juges de paix d'un même arrondissement sous la présidence du sous-préfet.

A chaque session de Cours d'assises, il est tiré sur cette

liste annuelle les noms de trente-six jurés qui forment le jury de la session, et six jurés supplémentaires. Chaque affaire exige la présence de douze jurés dont les noms sont désignés par le sort.

Le procureur impérial attaché au tribunal civil du lieu où se tiennent les assises, remplit près la cour les fonctions du ministère public, sans préjudice du droit réservé au procureur général de venir lui-même, quand il le juge convenable, porter la parole devant les Cours d'assises en fonction dans l'étendue du ressort de la Cour impériale à laquelle il est attaché.

En face de l'avocat du ministère public, chargé de dresser l'acte d'accusation et de requérir contre les prévenus l'application de la loi, se trouve l'avocat chargé de la défense du prévenu.

Le greffier et les huissiers attachés à la Cour impériale ou au tribunal civil du lieu où se tiennent les assises, remplissent également leurs fonctions devant la Cour d'assises pendant la durée de la session.

Fonctionnaire public.

On donne cette qualification à tous ceux qui exercent une portion de la puissance publique par délégation de la loi ou du souverain, soit dans l'ordre judiciaire, soit dans l'ordre administratif.

Gardes champêtres.

Les gardes champêtres, ainsi que le nom l'indique, sont des fonctionnaires spécialement institués pour la garde des champs, autrement dit pour assurer les propriétés, et veiller à la conservation des récoltes (Décret des 28 septembre et 6 octobre 1791).

Ils ont aussi capacité pour constater :

Les délits forestiers (C. Inst. Crim. art. 16).

Les délits de chasse (Loi du 3 mai 1844).

Les délits relatifs aux ventes des tabacs en fraude (Loi des finances du 28 avril 1816).

Les délits et contraventions relatifs à la police du roulage (Loi du 30 mai 1851).

Greffe. — Greffier.

Le greffe est le lieu où se classent et se conservent les registres, notes, procès-verbaux, actes, arrêts, jugements des cours et tribunaux.

Le greffier est un officier ministériel, spécialement chargé de tenir la plume aux audiences, d'assister le juge dans toutes ses fonctions, et de veiller à la conservation de toutes les pièces déposées dans son greffe.

Le juge de paix n'a d'ordinaire qu'un greffier. Les tribunaux de première instance et de commerce ont en outre un ou plusieurs greffiers adjoints, ou commis greffiers ; dans les Cours impériales et à la Cour de cassation le nombre de ces derniers est beaucoup plus cons'dérable. Le premier des greffiers se nomme greffier en chef.

Gendarme. — Gendarmerie.

La gendarmerie est un corps chargé du maintien de l'ordre et de l'exécution des arrêts judiciaires. Elle a pour devise *Valeur et discipline.*

Cette milice a été instituée en 1791. Ses attributions ont été fixées par la loi du 28 germinal an VI.

Plusieurs fois licenciée, puis réorganisée sous des noms différents, elle a été reconstituée par les décrets des 22 décembre 1851, 19 février 1852 et 1er mars 1854.

Huissier.

Ce nom formé de *huis, porte*, fut donné dans l'origine à ceux qui étaient chargés de la garde des portes. On le donne encore dans ce sens aux gens qui se tiennent dans les antichambres des princes, des ministres et des hauts fonctionnaires pour introduire les personnes qu'ils reçoivent, ainsi qu'aux officiers chargés du service intérieur des séances publiques, des chambres législatives, ou des académies, etc.

Dans un sens particulier, on nomme huissiers, des officiers ministériels spécialement chargés d'assigner les parties en justice, de signifier et de mettre à exécution les jugements des tribunaux ainsi que les actes authentiques ayant force exécutoire.

Juge.

Magistrat chargé de rendre la justice. On donne plus spécialement le nom de juges aux membres des tribunaux civils et de commerce, et aux juges de paix. Les magistrats de la Cour de cassation et des Cours impériales sont désignés sous le nom de conseillers.

Jugement.

Décision rendue par un tribunal sur le différend qui lui est soumis.

Ces décisions portent le nom d'arrêts quand elles émanent d'une Cour souveraine.

Jurés. — Jury.

(Voir Cours d'assises.)

Juridiction.

Ce mot désigne le droit qu'a un tribunal de connaître d'une contestation. Les citoyens ont en général le droit de soumettre la décision d'un tribunal à l'examen d'un autre d'un rang plus élevé ; de là plusieurs degrés de juridiction.

Les règles principales en matières de juridiction sont celles-ci :

1° Égaux devant la loi les Français plaident tous en la même forme, et devant les mêmes juges dans les mêmes cas.

2° Il y a généralement deux degrés de juridiction.

3° Nul ne peut être distrait de ses juges naturels.

4° Les tribunaux ne peuvent empiéter sur l'exercice du pouvoir législatif et de l'autorité administrative.

Juge de paix.

Le juge de paix est un magistrat essentiellement conciliateur, établi dans chaque canton pour y rendre la justice et étouffer à leur naissance les discordes et les procès.

Le juge de paix a trois ordres de fonctions bien distinctes :

1° Un pouvoir de conciliation très-étendu ;

2° Des fonctions extra-judiciaires très-nombreuses,

11.

telles que la tenue des conseils de famille, les appositions et levées de scellés, etc.;

3° Des fonctions judiciaires.

Jurisprudence.

Science du droit ou interprétation des lois. On entend surtout par ce mot, une série d'arrêts ou de jugements semblables sur une question quelconque.

Ministère public.

Magistrature établie près des tribunaux de première instance, des Cours d'appel et de cassation, pour y veiller au maintien de l'ordre public, y requérir l'exécution et l'application des lois, poursuivre les crimes et soutenir l'accusation.

Les fonctions du ministère public sont remplies :

Près la Cour de cassation et près les Cours impériales,

Par les procureurs généraux ou leurs substituts;

Près les tribunaux de première instance,

Par les procureurs impériaux;

Près les tribunaux de simple police,

Par les commissaires de police cantonaux ou par les maires ou adjoints de la commune chef-lieu de canton.

Notaire.

Officier ministériel institué pour rédiger et recevoir tous les actes et contrats auxquels les parties doivent ou veulent faire donner le caractère d'authenticité attaché aux actes de l'autorité publique.

Le notaire conserve les originaux ou minutes des actes

passés devant lui, et il en délivre des grosses et des expéditions aux parties intéressées (Loi du 27 ventôse an XI).

Officiers ministériels.

On appelle ainsi certains agents, institués par la loi pour prêter aux magistrats et aux particuliers un ministère défini et qu'ils ne peuvent refuser lorsqu'ils en sont légalement requis. Cette définition comprend : les greffiers, les avoués, les huissiers, les notaires, les commissaires-priseurs, les gardes du commerce.

Procureurs.

Autrefois on appelait procureur l'officier ministériel qui remplissait les fonctions actuellement dévolues à l'avoué.

Aujourd'hui on donne le nom de procureurs aux magistrats qui exercent les fonctions du ministère public près les Cours et tribunaux.

On distingue : les procureurs généraux, magistrats supérieurs qui exercent leurs fonctions près la Cour de cassation et les Cours impériales et qui ont sous leurs ordres des avocats généraux, chargés le plus souvent du service des audiences, et des substituts chargés du service du parquet, c'est-à-dire, du lieu où les officiers du ministère public tiennent leurs séances, pour recevoir les communications qui les concernent.

Les procureurs impériaux qui remplissent les mêmes fonctions près les tribunaux de première instance, et qui ont aussi leurs substituts.

Scellés.

L'opération des scellés consiste à imprimer un sceau particulier sur cire rouge et ardente, ou plutôt sur cire molle, appelée cire à scellés, aux deux bouts d'une bande de toile ou de papier qu'on adapte aux portes d'un appartement ou d'un meuble, pour en empêcher l'ouverture.

Cette opération a lieu toutes les fois qu'il y a intérêt à conserver intacts des objets sur lesquels la justice a besoin de statuer. Elle peut être nécessaire en matière criminelle, le juge de paix est spécialement chargé de l'apposition des scellés en matière civile et en matière commerciale.

Serment.

Acte solennel par lequel on prend Dieu à témoin de la vérité d'une attestation ou de la sincérité d'une promesse.

On distingue plusieurs sortes de serments.

Il y a le serment politique, le serment professionnel et le serment judiciaire.

Le serment politique est celui que tout fonctionnaire public est tenu de prêter, lorsqu'il prend possession de sa charge ou de son emploi (art. 14 de la Constitution). Il se cumule le plus souvent avec le serment professionnel.

En d'autres termes, le fonctionnaire a toujours un double serment à prêter :

1° Celui d'obéir à la Constitution et d'être fidèle à l'Empereur ;

2₀ Celui de remplir consciencieusement ses fonctions.

La formule du serment professionnel varie selon la nature des fonctions. Il arrive aussi qu'il est prêté isolément, c'est-à-dire sans qu'il ait été précédé de la prestation du serment politique, comme cela a lieu pour les experts, par exemple.

Le serment judiciaire est celui qu'une partie prête en justice à l'appui des prétentions qu'elle soutient.

Il y a deux sortes de serments judiciaires : celui qu'une partie défère à l'autre pour en faire dépendre le jugement de la cause; il est appelé décisoire. Celui qui est déféré d'office par le juge à l'une ou à l'autre des parties ; il est appelé supplétif ou supplétoire (C. N., art. 1357 et suivants).

Talion.

Punition pareille à l'offense. La loi du talion veut que l'on traite le coupable de la manière qu'il a traité ou voulu traiter les autres. Œil pour œil, dent pour dent, main pour main, pied pour pied. Cette loi, qui remonte à la plus haute antiquité, a disparu du code des lois des nations civilisées.

Tribunaux.

Le mot tribunal s'entend du siége et de la juridiction d'un magistrat ou de plusieurs magistrats qui jugent ensemble.

On distingue en France, suivant la nature des matières qu'ils ont à juger,

Des tribunaux de simple police, correctionnels, civils, de commerce, administratifs, maritimes, etc. Suivant le degré de juridiction, des tribunaux de première instance et des tribunaux d'appel, un tribunal suprême (la Cour de cassation), qui a pouvoir de casser les arrêts et jugements dans lesquels les formes de la procédure et les lois à appliquer ont été violées.

On distingue encore les tribunaux en tribunaux ordinaires et tribunaux extraordinaires. Les tribunaux ordinaires sont les tribunaux de police et correctionnels, les tribunaux de première instance, les Cours impériales, la Cour de cassation (voir le mot *Cour*).

Les tribunaux extraordinaires sont les tribunaux de commerce, les conseils de guerre de terre et de mer, les tribunaux maritimes, la haute cour de justice, les conseils des prud'hommes, etc.

Tribunal de simple police.

Il y a un tribunal de simple police au chef-lieu de chaque canton. Ce tribunal se compose du juge de paix du canton, président; d'un magistrat, le plus ordinairement le commissaire de police et quelquefois le maire de la commune chef-lieu de canton, ou son adjoint, remplissant les fonctions du ministère public; et d'un greffier. Un huissier est, en outre, attaché à ce tribunal pour le service de l'audience.

Tribunal correctionnel.

Il y a un tribunal correctionnel au chef-lieu de chaque arrondissement.

Dans les arrondissements dont le tribunal de première instance est composé d'une seule chambre, ce tribunal prend le nom de tribunal correctionnel lorsqu'il juge au criminel.

Dans les tribunaux de première instance qui se composent de plusieurs chambres, l'une des chambres est exclusivement chargée de la connaissance des affaires criminelles et forme alors à elle seule le tribunal correctionnel.

Tribunal civil de première instance.

Il est établi pour chaque arrondissement de sous-préfecture un tribunal, improprement appelé tribunal civil de première instance, ou qui mieux serait tribunal d'arrondissement. Le nombre des juges est de trois dans ceux de ces tribunaux qui sont le moins chargés d'affaires. Il va jusqu'à douze dans ceux qui sont le plus occupés. Aux juges en titre sont adjoints des juges suppléants dont le nombre varie entre trois et six; dans le nombre des juges se trouve compris le président.

En raison de son immense population, le département de la Seine a une organisation particulière.

Les tribunaux les plus importants sont divisés en plusieurs chambres.

Il y a près chaque tribunal civil un procureur impérial ayant sous ses ordres un ou plusieurs substituts, un greffier en chef avec un ou plusieurs commis sous ses ordres, un certain nombre d'avoués et d'huissiers.

Justices de paix.

Il y a au chef-lieu de chaque canton un modeste tribunal qui porte le nom de justice de paix.

Le juge de paix, seul juge de ce tribunal, est assisté dans tous les actes de son ministère par un greffier. Il a deux suppléants qui sont appelés à le remplacer en cas d'empêchement.

Les huissiers domiciliés dans le canton font, à tour de rôle, le service des audiences tenues par le juge de paix.

Tribunal de commerce.

Les tribunaux de commerce, autrefois appelés tribunaux consulaires, sont d'origine fort ancienne. Ils se composent d'un président et d'un nombre limité de juges et de juges suppléants. Les juges et les présidents de ces tribunaux sont élus parmi les commerçants et anciens commerçants, dans une assemblée des plus notables d'entre eux. Le président et les juges ne peuvent rester plus de deux ans en place ni être réélus qu'après un an d'intervalle.

Il y a près chaque tribunal de commerce un greffier en chef et un ou plusieurs commis greffiers, des agréés faisant l'office des avoués et des avocats, puis des huissiers. Il y a en outre à Paris des gardes du commerce pour l'exécution des jugements emportant prise de corps.

Les fonctions des juges du commerce ou juges consulaires sont gratuites. Dans les arrondissements où il n'y a pas de tribunal de commerce, le tribunal civil connaît des affaires commerciales.

Tribunaux administratifs.

Sans définir autrement les autres tribunaux exceptionnels, disons :

Que le conseil de préfecture est une sorte de tribunal qui connaît spécialement des contestations des particuliers avec l'administration et de toutes les affaires contentieuses qui, dans chaque département, compètent à l'autorité administrative ;

Que le Conseil d'Etat est une réunion de hauts magistrats choisis par l'Empereur pour préparer les lois, rédiger les décrets et règlements d'administration, et pour juger les affaires contentieuses administratives d'un ordre supérieur. La juridiction du Conseil d'Etat s'étend sur toute la France.

FIN.

TABLE DES MATIÈRES

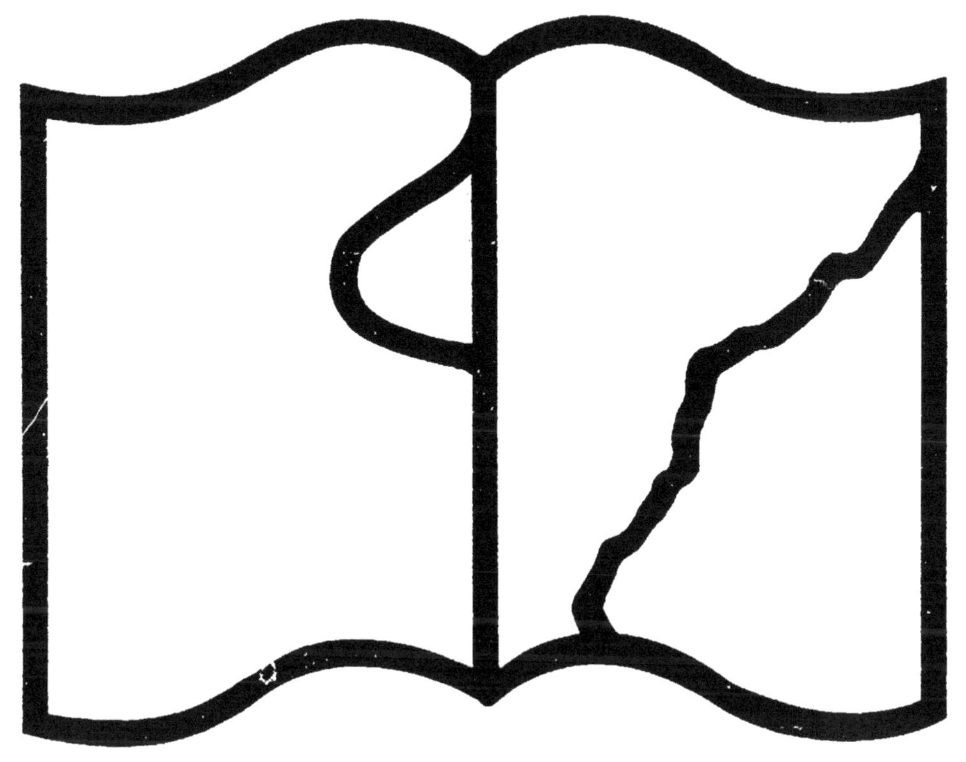

Texte détérioré — reliure défectueuse

NF Z 43-120-11

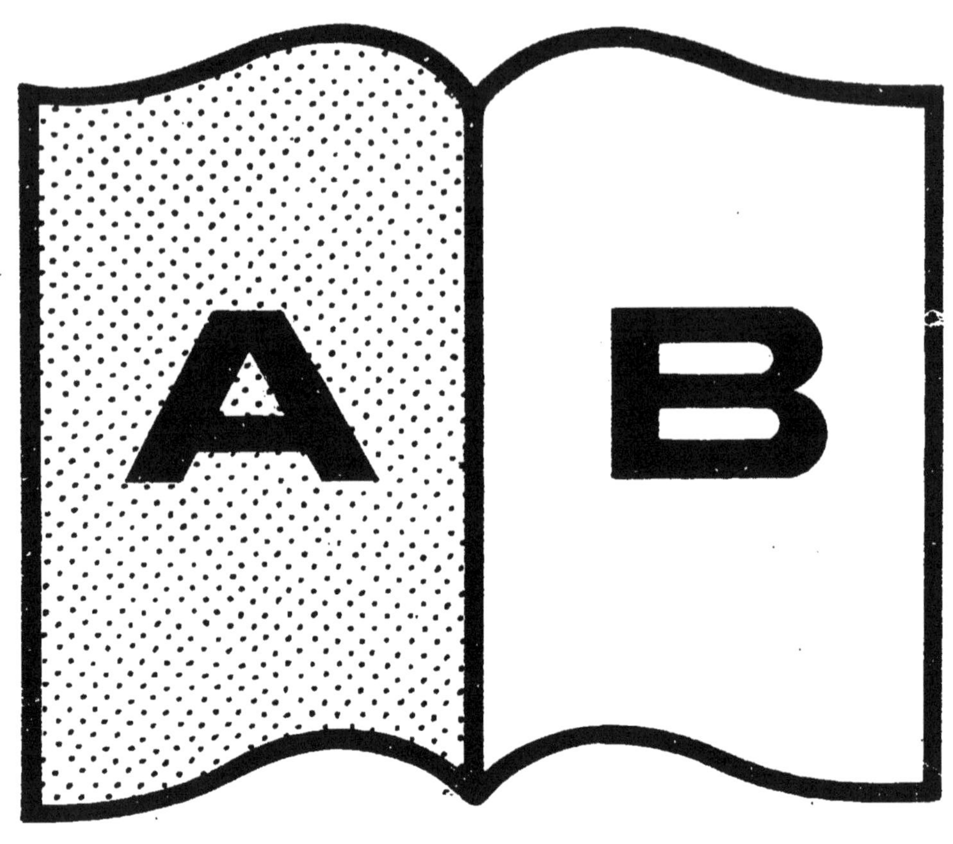

Contraste insuffisant

NF Z 43-120-14